철학 개정판 하는 어린이
워크북
②

상수리 출판사 🐿️ 상수리

상수리나무는 가뭄이 들수록 더 깊게 뿌리를 내리고
당당하게 서서 더 많은 열매를 맺습니다.
숲의 지배자인 상수리나무는 참나무과에 속하고, 꿀밤나무라 불리기도 합니다.
성경에 아브라함이 세 명의 천사를 만나는 곳도 상수리나무 앞이지요.
이런 상수리나무의 강인한 생명력과 특별한 능력을 귀히 여겨
출판사 이름을 '상수리'라고 했습니다.
우리 어린이들에게 상수리나무의 기상과 생명력을 키우는
좋은 책을 계속 만들어 가겠습니다.

생각하고 놀며 공부하는

# 철학하는 어린이 워크북

개정판

하는 어린이

# 워크북

**2**

상수리

## ✿ 이렇게 활용해 보세요!

이 책은 《삶이란 무엇일까요?》《감정이란 무엇일까요?》《선과 악이란 무엇일까요?》
《안다는 것은 무엇일까요?》《폭력이란 무엇일까요?》의 내용을 바탕으로 구성되었습니다.
책과 함께 보면서 해답을 찾다 보면 생각하는 힘과 논리력을 키울 수 있습니다.

### 💡 생각 씨앗을 심어요

철학적 주제를 고민해 보기
전에, 책의 핵심 내용을 충분
히 알고 있는지 이것저것 생
각을 끄집어내는 방법을 알
아보는 단계입니다.

### 💡 생각 새싹을 틔워요

여러 가지 철학적 질문에 대해
생각을 차근차근 정리하는 단
계입니다. 다양한 답을 생각하
는 동안 고정 관념에서 벗어나
자율적이고 창의적인 생각을
할 수 있습니다.

## 생각 열매를 맺어요

앞에서 다룬 철학적 주제를 깊이 있게 생각하는 단계입니다. 다양한 질문에 답을 찾아가면서 생각하는 힘과 논리력을 키울 수 있습니다.

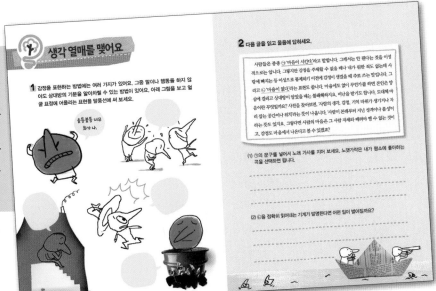

### 생각 열매를 맺어요

**1** 감정을 표현하는 방법에는 여러 가지가 있어요. 그중 말이나 행동을 하지 않아도 상대방의 기분을 알아차릴 수 있는 방법이 있어요. 아래 그림을 보고 얼굴 표정에 어울리는 표현을 말풍선에 써 보세요.

> 흥들붕들 너무 화가 나.

**2** 다음 글을 읽고 물음에 답하세요.

> 사람들은 종종 ⓐ'마음이 시리다'라고 말합니다. 그래서는 안 된다는 것을 이성적으로는 압니다. 그렇지만 감정을 주체할 수 없을 때나 이런 데 마음에 사무치는 등 이성으로 통제하기 이전에 감정이 생각을 때 주로 쓰는 말입니다. 그리고 ⓑ'마음이 없다'라는 표현도 합니다. 마음에도 없이 무언가를 하면 본인은 양심에 걸리고 상대방이 알았을 때는 불쾌해하기도, 비난을 받기도 합니다. 도대체 마음이란 무엇일까요? 사전을 찾아보면, '사람의 생각, 감정, 기억 따위가 생기거나 자리 잡는 공간이나 위치'라는 뜻이 나옵니다. '사람이 본래부터 지닌 성격이나 품성'이라는 뜻도 있지요. 그렇다면 사람의 마음은 그 사람 자체와 떼어야 뗄 수 없는 것이고, 감정도 마음에서 나온다고 볼 수 있겠죠?

(1) ⓐ의 문구를 넣어서 노래 가사를 지어 보세요. 노랫가락은 내가 평소에 좋아하는 곡을 선택하면 됩니다.

(2) ⓑ을 정확히 읽어내는 기계가 발명된다면 어떤 일이 벌어질까요?

---

### 생각 농부, 나도 철학자!

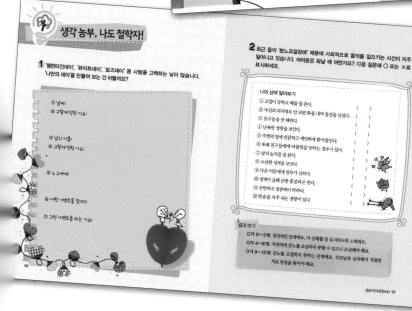

**1** '밸런타인데이', '화이트데이', '로즈데이' 등 사람을 고백하는 날이 많습니다. '나만의 데이'를 만들어 보는 건 어떨까요?

① 날짜:
② 그렇게 정한 이유:

③ 날의 이름:
④ 그렇게 정한 이유:

⑤ 누구에게:

⑥ 어떤 이벤트를 할까?

⑦ 그런 이벤트를 하는 이유:

**2** 최근 들어 '분노조절장애' 때문에 사회적으로 물의를 일으키는 사건이 자주 일어나고 있습니다. 여러분은 화날 때 어떤가요? 다음 질문에 ○ 또는 ×로 표시하세요.

나의 상태 알아보기
① 고집이 강하고 배를 잘 곤다.
② 자신의 의지대로 안 되면 화를 내며 물건을 던진다.
③ 친구를 잘 때린다.
④ 난폭한 성향을 보인다.
⑤ 주변의 일에 민감하고 예민하게 받아들인다.
⑥ 또래 친구들에게 따돌림을 당하는 경우가 있다.
⑦ 남의 눈치를 잘 본다.
⑧ 소심한 성격을 보인다.
⑨ 다른 이들에게 질투가 심하다.
⑩ 성격이 급해 금방 흥분하곤 한다.
⑪ 산만하고 집중력이 약하다.
⑫ 한숨을 자주 쉬는 경향이 있다.

결과 보기
○가 0~3개: 정상적인 단계예요. 이 상태를 잘 유지하도록 노력해요.
○가 4~8개: 자제하며 분노를 조절하지 못할 수 있으니 조심해야 해요.
○가 9~12개: 분노를 조절하지 못하는 단계예요. 부모님과 상의해서 적절한 치료 방법을 찾아야 해요.

### 생각 농부, 나도 철학자!

사고력을 확장시키는 단계입니다. 가벼운 마음으로 문제를 풀면서 단원을 정리하다 보면 철학이 쉽고 재미있어집니다.

## 차례

### 06 삶이란 무엇일까요?　9

생각 씨앗을 심어요　10
생각 새싹을 틔워요　12
생각 열매를 맺어요　20
생각 농부, 나도 철학자!　26
색칠하기　28

### 07 감정이란 무엇일까요?　29

생각 씨앗을 심어요　30
생각 새싹을 틔워요　32
생각 열매를 맺어요　40
생각 농부, 나도 철학자!　46
네 컷 만화 그리기　48

### 08 선과 악이란 무엇일까요?　49

생각 씨앗을 심어요　50
생각 새싹을 틔워요　52
생각 열매를 맺어요　60
생각 농부, 나도 철학자!　66
낱말 퍼즐　68

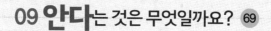

## 09 **안다**는 것은 무엇일까요?  69

생각 씨앗을 심어요                70
생각 새싹을 틔워요                72
생각 열매를 맺어요                80
생각 농부, 나도 철학자!            86
다른 그림 찾기                    88

## 10 **폭력**이란 무엇일까요?  89

생각 씨앗을 심어요                90
생각 새싹을 틔워요                92
생각 열매를 맺어요               100
생각 농부, 나도 철학자!           106
미로 찾기                       108

## 풀이와 설명  109

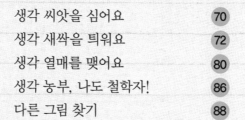

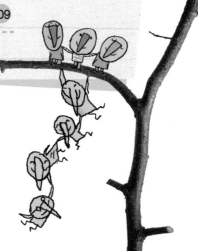

# 삶이란 무엇일까요?

What is Life?

철학하는 어린이

## 삶이란 무엇일까요?

오스카 브르니피에 글 | 제롬 루이에 그림 | 박광신 옮김

프랑스 낭테르
어린이들과
브르니피에 박사의
철학 대화!

상수리

오스카 브르니피에 글 | 제롬 루이에 그림 | 박광신 옮김

삶이란 무엇일까요? 죽음의 반대말일까요?
지금부터 다양한 활동을 통해 삶의 의미를 알아보세요.

# 생각 씨앗을 심어요

**1** 다음 6가지 질문을 보고 좋은 것과 나쁜 것, 좋은 것도 나쁜 것도 아닌 것으로 나누어 보세요. 그리고 그렇게 나눈 이유도 써 보세요.

📎 **보기**

① **행복:** 우리는 어떻게 행복해질 수 있을까요?

② **야망:** 이다음에 성공한 사람이 되고 싶나요?

③ **불행:** 사는 게 왜 힘들까요?

④ **존재:** 사람은 왜 존재할까요?

⑤ **삶의 의미:** 사람은 왜 살까요?

⑥ **죽음:** 사람은 왜 죽을까요?

(1) 좋은 것: _____

왜냐하면: _____

(2) 나쁜 것: _____

왜냐하면: _____

(3) 좋은 것도 나쁜 것도 아닌 것: _____

왜냐하면: _____

**2** 보기 의 명언은 무슨 뜻일까요? 그 이유를 생각해 보고, 물음에 답하세요.

보기

> 내일 지구의 종말이 오더라도 나는 오늘 사과나무 한 그루를 심겠다!

(1) 이 명언을 남긴 사람은 누구인가요?

---------------------------------------------------

(2) 내가 생각하는 명언은 무엇인가요?

---------------------------------------------------

---------------------------------------------------

(3) 나는 (2)의 명언대로 생활하고 있나요? 내가 실천하고 있는 점과 반성해야 할
   점을 써 보세요.

① 잘 실천하고 있다!

---------------------------------------------------

---------------------------------------------------

② 반성해야겠다!

---------------------------------------------------

---------------------------------------------------

# 생각 새싹을 틔워요

**1** 다음은 어떤 할아버지가 사랑하는 손자들을 위해 남긴 편지입니다. 잘 읽고 물음에 답하세요.

사랑하는 손자들 보거라.

이 할아버지가 팔십 평생을 살면서 깨닫게 된 삶의 비밀을 오늘 너희에게 알려 주려고 한다.

얘들아, 사람이 일을 안 하고 놀기만 한다면 어떻게 될 것 같니? 시간이 너무 많아서 머릿속에는 좋은 생각보다 쓸데없는 생각이 더 많아지겠지. 그러한 생각들은 대부분 영양가가 없는 생각이라서 결국은 머릿속이 텅 빈 것이나 다름없어진단다. 영양이 없으면 어떻게 되겠니? 몸도 마음도 병을 얻겠지. 그러니 사람은 열심히 일을 해야 한단다. 그래야 우리 마음에 영양분이 되는 성취감과 만족감을 얻을 수 있단다. 그리고 자신감과 즐거움도 생기겠지. 이게 바로 언제나 행복할 수 있는 삶의 비밀이란다.

(1) 일은 왜 하는 걸까요?

_____

(2) 일하기 위해 사는 것이라면 일을 좋아하지 않는 사람은 어떻게 해야 할까요?

_____

_____

**2** 〈개미와 베짱이〉 이야기를 읽고, 놀기만 하는 베짱이와 일만 하는 개미의 입장이 되어서 서로에게 하고 싶은 말을 써 보세요.

(1) 베짱이가 개미에게

　　예 그렇게 일만 하면 이 좋은 계절을 즐길 수가 없잖아!

_____

_____

_____

_____

(2) 개미가 베짱이에게

　　예 나는 일하는 게 즐거워. 겨울 양식을 위해 지금 열심히 일해야 해.

_____

_____

_____

어떤 사내가 이리저리 어수선하게 몸부림을 치면서 우스꽝스러운 몸짓을 하고 있었습니다. 자세히 보니 자기 그림자를 잡으려고 안간힘을 쓰고 있는 것이었습니다. 그림자를 잡으려 그가 앞으로 가면 앞으로 도망치고, 뛰면 앞서 뛰고, 포기하려 뒤로 돌면 금세 그를 따라잡곤 했습니다. 마을 사람들은 그 모습을 보고 배꼽을 잡고 웃었습니다. 그런데 지나가던 여행자가 마을 사람들에게 말했지요.

"이 사람이 우스운가요? 그럼 다들 자기 자신을 보고 웃어야겠네요. 여러분도 그림자를 쫓으며 살아가고 있지 않습니까? 아무리 쫓아가도 잡을 수 없는 돈, 명예, 권력 등과 같은 그림자 말입니다."

보기

수완: 성공한 사람이 되는 게 나의 꿈이에요. 인생의 목적은 성공 아닌가요?

영지: 부모님은 내가 성공한 사람이 되기를 바라세요. 그러니 저도 노력해야 하죠.

미수: 나는 텔레비전에 나오는 유명한 사람이 될 거예요. 성공한 사람들은 모두 유명하잖아요.

진수: 나는 축구가 재밌어요. 그래서 박지성 같은 선수가 되고 싶어서 열심히 축구 연습을 해요.

(1) 다음 글의 내용에 해당되지 않는 친구를 '보기'에서 고르세요.

① 수완 　　　② 영지 　　　　③ 미수 　　　④ 진수

(2) '보기'의 친구 가운데 내 생각과 비슷한 친구가 있나요? 어떤 점이 같은지 써 보세요.

--------------------------------------------------

--------------------------------------------------

--------------------------------------------------

(3) 값진 성공이란 어떤 것일까요? 위 이야기를 통해 얻은 교훈을 떠올리며 내 생각을 써 보세요.

--------------------------------------------------

--------------------------------------------------

--------------------------------------------------

--------------------------------------------------

--------------------------------------------------

--------------------------------------------------

**4** 어른들은 가끔 어린이들을 부러워합니다. '아, 나도 다시 어린 시절로 돌아가고 싶다! 아무 걱정 없이 실컷 놀고, 공부도 정말 열심히 할 텐데!' 이렇게 말하면서 말이지요.

(1) 어른들이 이렇게 말하는 이유는 무엇일까요?
부모님과 함께 이야기를 나누고 그 내용을 써 보세요.

_____

_____

_____

_____

(2) 엄마와 아빠의 어린 시절의 사진을 찾아보세요.
그중에서 지금 내 나이 때의 엄마 아빠의 모습을 보고
어떤 느낌이 드는지 써 보세요.

_____

_____

_____

_____

**5** 다음은 '사람은 왜 존재할까요?'라는 물음에 대한 어린이의 답변입니다. 진화론에 대해 알아보고, 다음 물음에 답해 보세요.

(1) 지구상에 멸종된 생물은 어떤 것이 있을까요?

_____

(2) 인간도 멸종할 수 있을까요? 사람이 왜 존재하는지에 대한 나의 생각을 써 보세요.

_____

_____

_____

TIP

진화론: 지구상의 생물들이 살아가면서 환경에 적응하고 발전해 간다는 이론이에요. 19세기 후반에 다윈이라는 과학자가 주장한 것으로 과학에 커다란 영향을 주었어요.

**6** 다음 글을 읽고 물음에 답하세요.

(가) 어느 나라에 매우 큰 가뭄이 들었습니다. 가뭄 때문에 흉년이 들어 백성들의 반은 굶어 죽을 위기에 처했습니다. 하지만 나머지 반은 부자였기 때문에 곡식과 채소, 고기 등 먹을 것이 넘쳐났습니다. 백성들에 대한 사랑이 지극했던 왕은 왕비와 함께 의논하여 백성들을 직접 설득하기로 했습니다. '부자들이 먹을 것을 나누어 준다면 모두가 공평하게 행복해질 것이다!' 하고 말이에요.

"당신은 백성들이 존경하는 어진 왕이니 분명 모두를 설득할 수 있을 거예요."

왕비는 이렇게 응원하면서 왕을 배웅했습니다. 왕은 해가 질 무렵이 되어서야 다시 돌아왔습니다. 왕비가 몹시 궁금해하며 묻자 왕이 힘없이 대답했습니다.

"반만 성공했다오."

왕비가 무슨 뜻인지 궁금해하자 왕이 한숨을 쉬며 덧붙였습니다.

"가난한 이들을 설득하는 데만 성공했지."

(나) 어떤 사람이 뜨거운 태양을 받으며 걸어가고 있었습니다. 그는 말과 당나귀를 끌고 있었지요. 말은 마차만 끌고 있었고 당나귀는 많은 짐을 지고 있었습니다. 더위에 지친 당나귀가 말에게 부탁했습니다.

"제발 내 짐을 나누어 지어 줘. 부탁이야. 이러다 힘들어서 죽을 것만 같아."

말은 못 들은 척했습니다.

"너는 나보다 몸집도 크고 힘도 세잖아. 짐을 져도 그리 힘이 들지는 않을 거야. 부탁이야!"

당나귀는 숨을 헐떡거리면서 간절하게 부탁했지만 이번에도 말은 못 들은 척 무시했습니다. 결국 얼마 지나지 않아 당나귀는 길가에 널브러져 죽고 말았습니다. 주인은 투덜거리면서 당나귀 등에 실려 있던 짐을 말에게 옮겼습니다. 그리고 당나귀 시체까지 척 올렸습니다.

"아이고, 진작 짐을 나눠서 지었으면 이런 일은 없었을 텐데! 짐이 두 배가 아니라 몇 배나 무거워졌잖아!"

(1) (가)와 (나)의 글과 가장 관련이 적은 것은 어떤 것일까요?

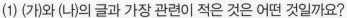

　　① 나보다 더 강한 사람 때문에 사는 게 힘들다.

　　② 먹을 게 없어서 굶는 사람들은 사는 게 힘들다.

　　③ 가뭄 때문에 사는 게 힘들다.

　　④ 혼자라고 생각하니까 사는 게 힘들다.

(2) 그렇게 생각하는 이유를 써 보세요.

- - - - - - - - - - - - - - - - - - - - - - - - - - - - - - - - - - - - - - - -

(3) 지금 이 시간에도 전 세계 어딘가에서 많은 사람들이 죽어가고 있다는 사실을 알고 있나요? 심각한 가난으로 고통받는 사람들을 위해 우리가 실천할 수 있는 다양한 기부 방법을 조사하고, 3가지 이상 적어 보세요.

　　① 방법:

　　　실천 계획:


　　② 방법:

　　　실천 계획:


　　③ 방법:

　　　실천 계획:

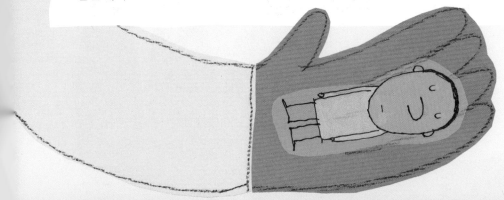

# 생각 열매를 맺어요

**1** 중국 대륙을 통일한 진시황제는 죽지 않고 영원히 살기를 바랐지만, 늙지 않고 영원히 살 수 있게 해 준다는 불로초를 얻지 못하고 죽었어요. 다음 글을 읽고 물음에 답하세요.

진시황제가 영원히 살아 보지 못해서 그런 거야. 그게 얼마나 끔찍한 일인지 모르니까 영원한 삶을 원한 거라고. 내가 그 고통을 어떻게 알고 있느냐고? 죽지 않고 까마득히 오래전부터 계속해서 살고 있으니까……. 난 뱀파이어야. 내가 얼마나 오래 살았느냐고? 너무 오래 돼서 기억이 가물가물하군. 하지만 나에게도 잊을 수 없는 게 있지. 바로 로렌느가 죽었던 순간이야. 내가 유일하게 사랑했던 사람이지. 로렌느를 만나고 나는 처음으로 내가 뱀파이어가 된 것을 후회했어. 로렌느는 다른 사람들과 마찬가지로 나이를 먹으면서 차츰 늙어 갔어. 나는 로렌느를 잃고 싶지 않아서 뱀파이어가 되어 나와 영원히 살자고 했지. 하지만 그녀는 인간의 삶을 원했어. 죽음도 삶의 일부분이라고 말했지. 나는 그녀의 뜻을 존중했어. 그리고 그녀가 죽는 것을 옆에서 지켜보았지. 그 이후로 난 더 이상 누구도 사랑하지 않아. 사랑하는 사람이 존재하지 않는 시간을 산다는 것은 형벌과도 같은 거야.

(1) 고대 이집트의 미라는 영원한 삶을 위해 만들어졌다고 해요. 영원한 삶과 미라는 어떤 관련이 있는지 조사해 보고, 조사한 것을 써 보세요.

- - - - - - - - - - - - - - - - - - - - - - - - - - - - - - - - - - - - - - - - - -

- - - - - - - - - - - - - - - - - - - - - - - - - - - - - - - - - - - - - - - - - -

- - - - - - - - - - - - - - - - - - - - - - - - - - - - - - - - - - - - - - - - - -

(2) 영원한 삶을 다루고 있는 작품(영화, 만화, 동화)을 찾아보세요. 가장 흥미로웠던 것을 골라 줄거리와 감상을 간단히 써 보세요.

① 제목:

② 줄거리:




③ 나의 감상:

**2** 다음 보기는 국가 간 분쟁이나 전쟁에 관련된 내용들입니다. 잘 읽어 보고 물음에 답하세요.

보기

(가) 예전에는 주로 서로 땅을 차지하기 위해 전쟁을 했지만 지금은 테러를 막고 지구의 평화를 지키기 위해 전쟁을 한다.

(나) 전쟁의 의도, 수단, 방법이 정당하고, 전쟁 결과가 전쟁을 피하는 것보다 가치가 있다면 전쟁도 정의로울 수 있다.

(다) 전쟁은 무조건 악한 것이고 평화가 진정 선한 것이다.

(라) 비슷한 곳에 두 무리의 개미가 살 경우, 먹을 것이 풍족하면 평화롭게 살아가지만 개체 수가 많아지고 먹이가 부족하면 서로 싸워 한쪽이 멸망하기도 한다. 이처럼 인간의 전쟁도 생태계의 순환 원리 가운데 하나다.

(1) 보기 중 다른 관점에서 서술된 내용은 어떤 걸까요?

① (가)　　　　　② (나)　　　　　③ (다)　　　　　④ (라)

(2) (나)는 중세의 철학자이자 신학자인 토마스 아퀴나스가 말한 것입니다. 전쟁이 정의로울 수 있다는 의견에 대해 나의 생각을 글로 써 보세요.

---

---

---

---

(3) (다)와 같은 생각인가요, 아니면 다른 생각인가요? 그 이유를 설명해 보세요. 역사적 사건이나 현재 지구상에서 벌어지고 있는 일 등을 조사하여 예로 들어 보세요.

---

---

---

---

---

---

**3** 다음은 공상 과학 영화의 시나리오 설정과 주인공에 관한 내용입니다. 상상력을 발휘하여 두 주인공이 만나 친구가 되는 장면을 써 보세요.

## 제목: 영생 열차

설정: 일등칸에는 영생(영원한 삶)을 얻은 사람이 살고 있습니다. 의학의 발달로 돈을 지불하면 얼마든지 젊어질 수도 있고 영원히 살 수 있게 되었습니다. 하지만 돈이 없는 사람들은 과거보다 더 많은 질병에 시달리면서 일찍 죽음을 맞이합니다. 이런 사람들은 꼬리 칸에서 겨우 목숨을 부지하며 살고 있습니다. 꼬리 칸 사람들은 일등칸의 누군가에게 새로운 장기가 필요하면 쥐도 새도 모르게 없어집니다. 사실 일등칸 사람들의 영생을 위한 도구나 다름없는 것입니다.

주인공 1: 일등칸의 지식인. 과연 삶과 죽음을 결정할 권리가 일등칸에 사는 이들에게 있는 것인가를 고민하는 인물입니다. 과거 '신'이라고 불리던 어떤 존재를 연구하면서, 창조주가 내려 준 생명을 창조주가 거둬 가는 것이 자연의 이치라고 생각합니다.

주인공 2: 영원한 삶에 반대하면서 영생을 얻으려는 자들에 대항하여 혁명을 일으키려고 합니다. 자연의 이치에 대한 지식은 부족하지만 의협심과 리더십, 추진력이 강한 인물입니다.

# 생각 농부, 나도 철학자!

**1** 첫 걸음, 첫 수업, 첫 만남, 첫 용돈 등 우리는 어떤 것을 처음으로 하는 것에 의미를 부여합니다. '내 인생의 소중한 처음'이라는 주제로 내 삶의 기록장을 꾸며 보세요.

(1) 나의 첫 _____
  ① 누구와
  ② 언제
  ③ 어디서
  ④ 무엇을
  ⑤ 어떻게
  ⑥ 왜

(2) 나의 첫 _____
  ① 누구와
  ② 언제
  ③ 어디서
  ④ 무엇을
  ⑤ 어떻게
  ⑥ 왜

**2** 만약 삶이 얼마 남지 않았다면 누구와 어디로 여행을 가고 싶은지 써 보세요.

내가 가고 싶은 곳은?

- - - - - - - - - - - - - - - - - - - - - - - - - - - - - -

누구와 함께?

- - - - - - - - - - - - - - - - - - - - - - - - - - - - - -

이번 여행에서 기대하는 것은?

- - - - - - - - - - - - - - - - - - - - - - - - - - - - - -

- - - - - - - - - - - - - - - - - - - - - - - - - - - - - -

- - - - - - - - - - - - - - - - - - - - - - - - - - - - - -

여행에 꼭 가져가야 하는 것은?

- - - - - - - - - - - - - - - - - - - - - - - - - - - - - -

- - - - - - - - - - - - - - - - - - - - - - - - - - - - - -

- - - - - - - - - - - - - - - - - - - - - - - - - - - - - -

여행 기간

길 다 ☐

보통이다 ☐

짧 다 ☐

지구본을 멋지게 꾸미고, 예쁘게 색칠해 보세요.

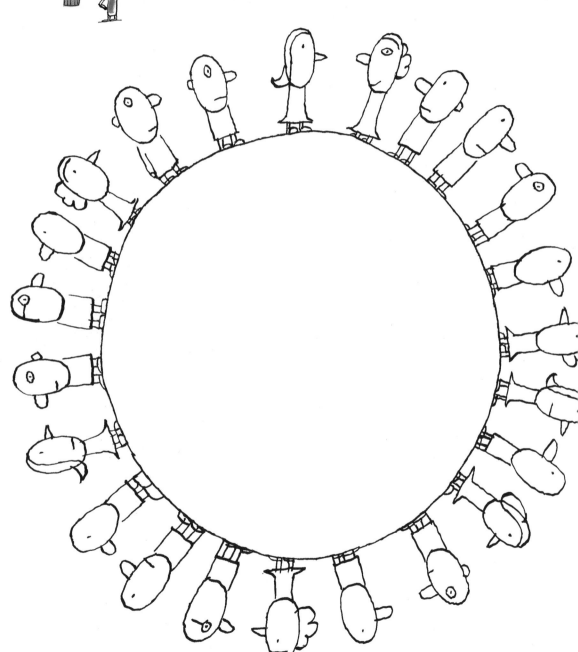

# 감정이란 무엇일까요?

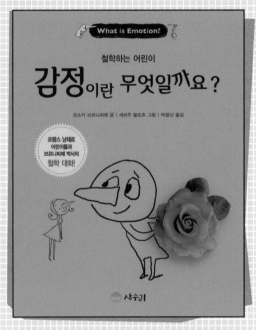

What is Emotion?

철학하는 어린이

## 감정이란 무엇일까요?

오스카 브르니피에 글 | 세르주 블로흐 그림 | 박광신 옮김

프랑스 낭테르
어린이들과
브르니피에 박사의
철학 대화

샨수리

오스카 브르니피에 글 | 세르주 블로흐 그림 | 박광신 옮김

행복, 사랑, 슬픔, 기쁨, 공포 등을 감정이라고 해요.
지금부터 다양한 활동을 통해 감정에 대해 알아보세요.

# 생각 씨앗을 심어요

**1** 6가지 질문을 읽은 다음, 1분 안에 떠오르는 느낌이나 생각을 써 보세요.

> **보기**
>
> ① **사랑의 증거:** 부모님이 나를 사랑하는 걸 어떻게 알까요?
>
> ② **질투:** 형제자매에게 질투를 느끼나요?
>
> ③ **싸움:** 사랑하는 사람과 왜 싸우는 걸까요?
>
> ④ **사랑:** 누군가를 사랑하는 것은 좋은 일인가요?
>
> ⑤ **우정:** 혼자 있기와 친구와 놀기 중 어떤 게 더 좋은가요?
>
> ⑥ **수줍음:** 친구들 앞에서 혼자 말하는 게 두려운가요?

①

②

③

④

⑤

⑥

**2** 아래 아이들의 얼굴에 다양한 감정을 표현해서 그려 보세요.

# 생각 새싹을 틔워요

**1** 부모님의 사랑 표현 중에서 가장 좋아하는 것은 무엇인가요? 이유와 그때 느낌을 써 보세요. 또 가장 좋아하는 애칭과 이유, 느낌을 써 보세요.

(1) ① 가장 좋아하는 사랑 표현은:

② 그 이유는:

③ 그때의 느낌은:

(2) ① 가장 좋아하는 애칭은:

② 그 이유는:

③ 그렇게 불릴 때의 느낌은:

**2** 다음 글을 읽고 물음에 답하세요.

어머니를 무척 사랑하는 아들이 있었습니다. 그는 아내도 몹시 사랑했습니다. 그런데 그의 아내는 남편이 어머니를 사랑하는 것을 시기했습니다. 어머니와 한집에 살 수 없다는 아내의 부탁에 그는 어머니를 집에서 쫓아냈습니다. 심지어 아내는 남편이 어머니를 보러 가지도 못하게 막았습니다. 이번에도 그는 아내의 말을 들었습니다.

하지만 아내의 요구는 끝이 없었습니다. 자신을 사랑한다면 어머니의 심장을 도려내어 가져오라고 했습니다. 그는 아내가 바라는 대로 어머니를 찾아가 심장을 도려냈습니다. 그는 어머니의 심장을 손에 쥐고 집으로 돌아가다가 돌에 걸려 넘어졌습니다. 그 순간 어머니의 심장을 떨어뜨리고 말았습니다. 그런데 흙바닥에 나뒹굴고 있는 어머니의 심장에서 다급한 목소리가 들리는 게 아니겠어요.

"아이고, 아들아! 어디 다치지는 않았니?"

(1) 이야기를 읽고 나서 느껴지는 감정을 글로 표현해 보세요.

- - - - - - - - - - - - - - - - - - - - - - - - - - - - - - - - - - - - - - -

- - - - - - - - - - - - - - - - - - - - - - - - - - - - - - - - - - - - - - -

(2) 부모님의 마음이 어떤 것인지 알지 못하고 화를 내거나 짜증을 내서 미안한 마음이 들었던 적이 있나요? 어떤 일 때문에 그랬는지 써 보세요.

- - - - - - - - - - - - - - - - - - - - - - - - - - - - - - - - - - - - - - -

- - - - - - - - - - - - - - - - - - - - - - - - - - - - - - - - - - - - - - -

- - - - - - - - - - - - - - - - - - - - - - - - - - - - - - - - - - - - - - -

## 3 다음 글을 읽고 물음에 답하세요.

(가) 내 동생은 정말 얄미운 짓만 골라서 해. 같이 텔레비전을 봐 놓고는 엄마한테는 내가 숙제 안 하고 만화 영화만 봤다고 일러바쳐. 또 내가 정말 좋아하는 과자도 혼자 다 먹어 버리고, 친구랑 놀고 있을 때도 자꾸 끼어들어서 방해하지 말고 혼자 놀라고 했더니 엄마에게 또 이르고. 그러면 엄마는 나한테만 불같이 화를 내시는 거야. 형이 그러면 되냐고 말이야. 나 정말 스트레스 받아. 동생이 미워 죽겠다고!

(나) 반 고흐라는 화가를 알고 있나요? 〈해바라기〉, 〈별이 빛나는 밤〉 등을 그린 네덜란드의 화가 말이에요. 그런데 반 고흐가 이렇게 유명한 화가가 된 것은 동생 테오 덕분이랍니다. 형의 능력을 알아보고 그림을 그리도록 응원한 게 바로 테오였어요. 덕분에 작품 활동을 하게 됐지만 고흐는 경제적으로 매우 어려워 생활고에 시달렸어요. 그림을 계속 그릴 수 없을 지경이었지만, 테오가 생활비를 계속 지원해 주었답니다. 고흐는 동생 덕에 계속 작품을 그려 낼 수 있었고, 세계적인 화가가 될 수 있었던 것이지요.

(1) (가)의 주인공을 위로해 주고, 동생과 잘 지낼 수 있도록 충고해 주세요.

- - - - - - - - - - - - - - - - - - - - - - - - - - - - - - - - - - - -

- - - - - - - - - - - - - - - - - - - - - - - - - - - - - - - - - - - -

- - - - - - - - - - - - - - - - - - - - - - - - - - - - - - - - - - - -

- - - - - - - - - - - - - - - - - - - - - - - - - - - - - - - -

- - - - - - - - - - - - - - - - - - - - - -

(2) (나)는 서로 아끼고 사랑하고 도움을 주는 형제의 이야기입니다. 하지만 이와
는 반대로 남보다 못한 형제의 이야기들도 많지요. 어떤 이야기들이 있는지
찾아보세요.

_____

_____

_____

_____

(3) 이번에는 (2)에서 찾은 이야기를 활용해서 (가)의 주인공에게 들려줄 충고를
써 보세요.

_____

_____

_____

_____

**4** 나의 감정은 얼마나 자주 어떻게 변할까요? 나의 감정 상태가 어떤지 파악하면 내 감정을 제대로 알고 조절할 수 있어요. 6일 동안 나의 감정 변화 그래프를 기록해 보세요.

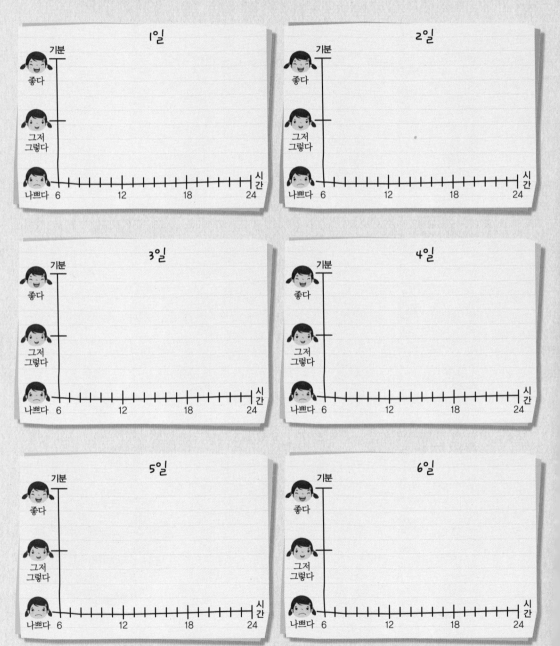

**5** 내가 가장 좋아하는 친구는 누구인지 곰곰이 생각해 보고 아래 질문에 답하세요.

(1) 내가 가장 좋아하는 친구는 누구인가요?

- - - - - - - - - - - - - - - - - - - - - - - - - - - - - - - - - - - - - - - - - - - -

(2) 그 이유는 무엇인가요?

- - - - - - - - - - - - - - - - - - - - - - - - - - - - - - - - - - - - - - - - - - - -

- - - - - - - - - - - - - - - - - - - - - - - - - - - - - - - - - - - - - - - - - - - -

(3) 장점은 무엇인가요?

- - - - - - - - - - - - - - - - - - - - - - - - - - - - - - - - - - - - - - - - - - - -

- - - - - - - - - - - - - - - - - - - - - - - - - - - - - - - - - - - - - - - - - - - -

(4) 단점은 무엇인가요?

- - - - - - - - - - - - - - - - - - - - - - - - - - - - - - - - - - - - - - - - - - - -

- - - - - - - - - - - - - - - - - - - - - - - - - - - - - - - - - - - - - - - - - - - -

(5) 싸웠던 적이 있나요? 무엇 때문이었나요? 어떻게 화해했는지 적어 보세요.

- - - - - - - - - - - - - - - - - - - - - - - - - - - - - - - - - - - - - - - - - - - -

- - - - - - - - - - - - - - - - - - - - - - - - - - - - - - - - - - - - - - - - - - - -

- - - - - - - - - - - - - - - - - - - - - - - - - - - - - - - - - - - - - - - - - - - -

**6** 인기투표 시간입니다! 후보로 성격이 다른 두 친구가 나왔습니다. 잘 읽고 물음에 답하세요.

보기

**참가 번호 1번: 김한솔**

내 별명은 불타는 고구마야. 나는 잘 놀다가도 친구들이 모두 나를 쳐다보면 얼굴이 새빨개져. 처음엔 친구들이 엄청 놀렸어. 뭐만 하려고 하면 얼굴부터 빨개지니까 뭘 할 수 있겠느냐면서 놀려 댔지. 그런데 어느 날 자작시를 발표하는 날이었어. 빨간 전구가 켜진 것처럼 내 얼굴은 계속 빨갛고 화끈거렸지만 용기를 내어 내가 지은 시를 읽었지. 다 읽고 나니 모두 큰 박수를 쳐 주지 뭐야. 그다음부터는 나에게도 친구가 많이 생겼어. 나는 편지 쓰는 걸 좋아해서 친구들에게 편지 선물하기를 좋아하지. 내 편지를 받은 친구들은 모두 행복해해. 그럼 나도 참 행복해. 하지만 여전히 어디에 처음 가면 늘 혼자가 되곤 해. 수줍음 때문에 말이야. 그렇지만 한번 친구가 되면 정말 친하게 지낸단다.

**참가 번호 2번: 나공주**

안녕! 내 꿈은 슈퍼스타야. 그래서 난 스스로를 슈퍼스타라고 불러. 이제는 친구들도 다 그렇게 부르지. 나는 부끄러움 따위는 없어. 늘 유쾌하고, 사람들 앞에서 말하거나 노래하고 춤추기를 좋아해. 난 친구도 엄청 많아. 친구들이 내가 쾌활해서 함께 있으면 언제나 즐겁대. 그런데 나는 친구랑 자주 싸우기도 해. 사실 나는 다른 사람 얘기 듣는 걸 지루해하거든. 그리고 누군가 장기 자랑 같은 걸 해도 빨리 끝났으면 좋겠어. 그래야 이 슈퍼스타가 멋진 모습을 보여 줄 수 있으니까.

(1) **보기** 중에서 어떤 친구가 더 마음에 드나요?

- - - - - - - - - - - - - - - - - - - - - - - - - - - - - - - - - - - - - -

(2) **보기** 중에서 내 성격은 어떤 친구와 비슷한가요?

- - - - - - - - - - - - - - - - - - - - - - - - - - - - - - - - - - - - - -

- - - - - - - - - - - - - - - - - - - - - - - - - - - - - - - - - - - - - -

(3) 김한솔은 수줍음이 없어지면 좋겠다고 해요. 수줍음을 없앨 수 있는 방법은 뭐가 있
    을까요? 자신의 경험에 비추어 써 보세요.

- - - - - - - - - - - - - - - - - - - - - - - - - - - - - - - - - - - - - -

- - - - - - - - - - - - - - - - - - - - - - - - - - - - - - - - - - - - - -

- - - - - - - - - - - - - - - - - - - - - - - - - - - - - - - - - - - - - -

(4) 나공주에게도 고쳐야 할 점이 있네요. 무엇인지 생각해 보고, 단점을 극복하려면 어
    떤 태도를 길러야 하는지 써 보세요.

- - - - - - - - - - - - - - - - - - - - - - - - - - - - - - - - - - - - - -

- - - - - - - - - - - - - - - - - - - - - - - - - - - - - - - - - - - - - -

- - - - - - - - - - - - - - - - - - - - - - - - - - - - - - - - - - - - - -

**1** 감정을 표현하는 방법에는 여러 가지가 있어요. 그중 말이나 행동을 하지 않아도 상대방의 기분을 알아차릴 수 있는 방법이 있어요. 아래 그림을 보고 얼굴 표정에 어울리는 표현을 말풍선에 써 보세요.

울퉁불퉁 너무 화가 나.

**2** 다음 글을 읽고 물음에 답하세요.

사람들은 종종 ㉠'마음이 시킨다.'라고 말합니다. 그래서는 안 된다는 것을 이성적으로는 압니다. 그렇지만 감정을 주체할 수 없을 때나 내가 원한 적도 없는데 사랑에 빠지는 등 이성으로 통제하기 이전에 감정이 생겼을 때 주로 쓰는 말입니다. 그리고 ㉡'마음이 없다.'라는 표현도 씁니다. 마음에도 없이 무언가를 하면 본인은 양심에 걸리고 상대방이 알았을 때는 불쾌해하지요. 비난을 받기도 합니다. 도대체 마음이란 무엇일까요? 사전을 찾아보면, '사람의 생각, 감정, 기억 따위가 생기거나 자리 잡는 공간이나 위치'라는 뜻이 나옵니다. '사람이 본래부터 지닌 성격이나 품성'이라는 뜻도 있지요. 그렇다면 사람의 마음은 그 사람 자체와 떼려야 뗄 수 없는 것이고, 감정도 마음에서 나온다고 볼 수 있겠죠?

(1) ㉠의 문구를 넣어서 노래 가사를 지어 보세요. 노랫가락은 내가 평소에 좋아하는 곡을 선택하면 됩니다.

- - - - - - - - - - - - - - - - - - - - - - - - - - - - - - - - - - - - -

- - - - - - - - - - - - - - - - - - - - - - - - - - - - - - - - - - - - -

- - - - - - - - - - - - - - - - - - - - - - - - - - - - - - - - - - - - -

(2) ㉡을 정확히 읽어내는 기계가 발명된다면 어떤 일이 벌어질까요?

- - - - - - - - - - - - - - - - - - - - - - - - - - - - - - - - - - - - -

- - - - - - - - - - - - - - - - - - - - - - - - - - - - - - - - - - - - -

- - - - - - - - - - - - - - - - - - - - - - - - - - - - - - - - - - - - -

**3** 다음 이야기를 읽고 물음에 답하세요.

사랑에 빠진 남자가 있었습니다. 그는 사랑하는 여인의 집에 찾아갔습니다.

문을 두드리자 그녀가 물었습니다.

"누구세요?"

"나야!"

그의 대답에 여인이 다시 말했습니다.

"이 집에는 당신과 나, 두 사람을 위한 자리는 없어요."

이 말을 듣고 실망한 남자는 사막으로 떠났습니다. 그리고 계속 생각에 잠겼습니다.

그 후 몇 년 뒤, 그가 다시 그녀 집의 문을 두드렸습니다.

"누구세요?"

"바로 네 자신이야."

이 대답을 듣고 여인은 그제야 문을 열어 주었답니다.

(1) 이 이야기 속 여인이 바라는 사랑은 무엇이었나요?

- - - - - - - - - - - - - - - - - - - - - - - - - - - - - - - - - - - - - - - - - - -

(2) '사랑이란 솜사탕 같은 것!', '사랑은 나보다 상대방을 아껴 주는 것!' 등 사람들은 저마다 아름답게 사랑에 대한 정의를 내립니다. 내가 생각하는 사랑의 정의를 써 보세요.

사랑이란,

- - - - - - - - - - - - - - - - - - - - - - - - - - - - - - - - - - - - - - - - - - -

- - - - - - - - - - - - - - - - - - - - - - - - - - - - - - - - - - - - - - - - - - -

- - - - - - - - - - - - - - - - - - - - - - - - - - - - - - - - - - - - - - - - - - -

**4** 친구가 한 말에 상처받은 적이 있나요? 그때 느낀 기분을 아래에서 찾아 모두 동그라미를 해 보세요.

| | | | |
|---|---|---|---|
| 행복해 | 화가 나 | 짜증 나 | 신나 |
| 슬퍼 | 무서워 | 시원해 | 창피해 |
| 기분이 너무 좋아 | 답답해 | 고마워 | |

**5** 모차르트는 눈 먼 소녀를 위해 직접 피아노 연주를 들려줬어요. 모차르트의 피아노 연주를 들은 소녀의 기분은 어땠을까요? 소녀의 마음이 되어 그 기분을 적어 보세요.

**6** 세상에는 아름답고 애틋한 사랑 이야기가 많습니다. 〈로미오와 줄리엣〉은 집안의 반대에 부딪쳐 결국 두 사람 모두 목숨을 잃게 되는 안타까운 사랑 이야기예요. 사랑이 도대체 무엇이기에 목숨도 아깝지 않은 걸까요? 친구들이 나누는 대화를 읽고, 질문에 답하세요.

아, 너무 낭만적이야! 사랑은 역시 운명이라고. 나도 로미오와 줄리엣처럼 운명적인 사랑에 빠지고 싶다. 사랑을 하면 꼭 공주가 된 것만 같은 기분일 거야!

수민

재형

결국 죽었잖아. 결과가 나쁜데 그게 좋은 사랑일까? 가족들이 슬퍼하는 건 생각 안 해? 다른 사람들을 모두 슬픔에 빠지게 하는 사랑은 진정한 사랑이 아니라고.

그런데 사랑하는 거랑 좋아하는 거랑 달라? 난 잘 모르겠어. 또 좋아하는 친구가 있어도 나는 금세 싫증이 나던걸! 그렇게 변할 건데 목숨까지 거는 건 좀 아까워.

명수

경은

다들 무식하기는! 사랑이 무슨 마법 같은 건지 아냐? 그냥 호르몬의 작용일 뿐이야. 내가 신문에서 봤는데, 사랑에 빠지는 게 뇌에서 엔도르핀 같은 물질들이 분비되기 때문이래. 그 물질들이 계속해서 나오지 않기 때문에 길어 봤자 사랑의 유효 기간은 3년? 아니 2년일 수도 있다고!

(1) 좋아하는 것과 사랑하는 것은 다른 것일까요? 명수의 질문에 의견을 써 보세요.

- - - - - - - - - - - - - - - - - - - - - - - - - - - - - - - - - - - - - - - - - - - - - - - - - .

- - - - - - - - - - - - - - - - - - - - - - - - - - - - - - - - - - - - - - - - - - - - - - - - - .

(2) 재형이가 말한 내용에 관해서 나의 생각을 써 보세요.

- - - - - - - - - - - - - - - - - - - - - - - - - - - - - - - - - - - - - - - - - - - - - - - - - .

- - - - - - - - - - - - - - - - - - - - - - - - - - - - - - - - - - - - - - - - - - - - - - - - - .

(3) 사랑에 관한 시를 써 보세요.

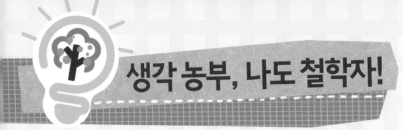
**1** '밸런타인데이', '화이트 데이', '로즈 데이' 등 사랑을 고백하는 날이 많습니다.
'나만의 데이'를 만들어 보는 건 어떨까요?

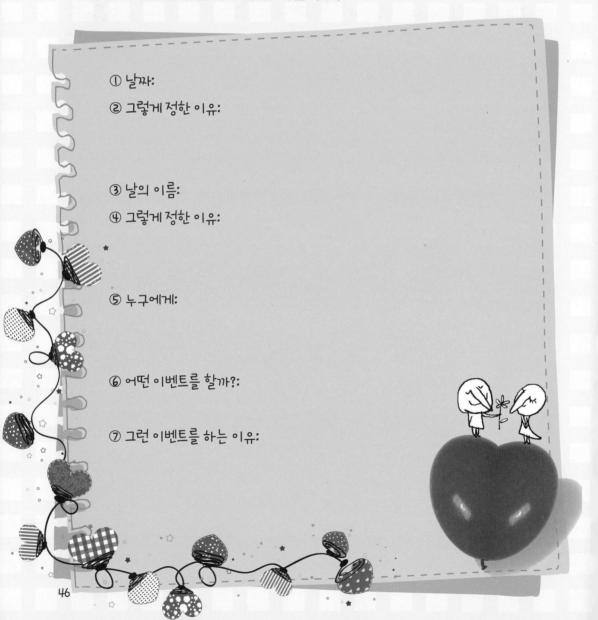

① 날짜:

② 그렇게 정한 이유:


③ 날의 이름:

④ 그렇게 정한 이유:


⑤ 누구에게:


⑥ 어떤 이벤트를 할까?:


⑦ 그런 이벤트를 하는 이유:

**2** 최근 들어 '분노 조절 장애' 때문에 사회적으로 물의를 일으키는 사건이 자주 일어나고 있습니다. 여러분은 화날 때 어떤가요? 다음 질문에 ○ 또는 ✕로 표시하세요.

### 나의 상태 알아보기

① 고집이 강하고 떼를 잘 쓴다. ( )

② 자신의 의지대로 안 되면 화를 내며 물건을 던진다. ( )

③ 친구들을 잘 때린다. ( )

④ 난폭한 성향을 보인다. ( )

⑤ 주변의 일에 민감하고 예민하게 받아들인다. ( )

⑥ 또래 친구들에게 따돌림을 당하는 경우가 있다. ( )

⑦ 남의 눈치를 잘 본다. ( )

⑧ 소심한 성격을 보인다. ( )

⑨ 다른 이들에게 질투가 심하다. ( )

⑩ 성격이 급해 금방 흥분하곤 한다. ( )

⑪ 산만하고 집중력이 약하다. ( )

⑫ 한숨을 자주 쉬는 경향이 있다. ( )

### 결과 보기

O가 0~3개: 정상적인 단계예요. 이 상태를 잘 유지하도록 노력해요.

O가 4~8개: 자칫하면 분노를 조절하지 못할 수 있으니 조심해야 해요.

O가 9~12개: 분노를 조절하지 못하는 단계예요. 부모님과 상의해서 적절한 치료 방법을 찾아야 해요.

친구와 싸운 후 화해하는 과정을 네 컷 만화로 그려 보세요.

①

②

③

④

# 선과 악이란 무엇일까요?

What is good and evil?

철학하는 어린이

## 선과 악이란 무엇일까요?

오스카 브로니피에 글 | 클레망 드보 그림 | 박광신 옮김

프랑스 낭테르
어린이들과
브로니피에 박사의
철학 대화!

샘수리

**오스카 브로니피에 글 | 클레망 드보 그림 | 박광신 옮김**

좋은 것과 나쁜 것, 해야 할 것과 하지 말아야 할 것은 누가 정해 주나요?
지금부터 '선'과 '악'에 대해 곰곰이 생각해 보아요.

# 생각 씨앗을 심어요

**1** 아래 나무에 '친절', '복종', '말', '자유', '관대함' 5개의 열매가 열렸어요. 각 낱말을 들었을 때 머릿속에 연상되는 것들을 자유롭게 써 보세요.

친절

복종

**예**

법: 다른 사람의
물건을 훔치면
경찰에게 잡혀가요.

자유

관대함

말

**2** '선과 악'은 작품의 주제 또는 소재로 많이 등장합니다. 특히 고전에는 '착한 일을 하는 사람은 상을 받고 악한 일을 한 사람은 결국 벌을 받게 된다'는 내용의 작품이 많습니다. 다음 물음에 답하세요.

(1) 작품 가운데 가장 착한 사람으로 생각되는 주인공은 누구인가요?

-------------------------------------------

(2) 그렇게 생각한 이유는 무엇인가요?

-------------------------------------------

-------------------------------------------

(3) 작품 가운데 가장 나쁜 사람으로 생각되는 주인공은 누구인가요?

-------------------------------------------

(4) 그렇게 생각한 이유는 무엇인가요?

-------------------------------------------

-------------------------------------------

(5) '착한 일을 권하고 악한 일을 하면 벌을 받는다'는 뜻을 지닌 고사성어를 찾아서 써 보세요.

-------------------------------------------

# 생각 새싹을 티워요

**1** 보기 를 보고 물음에 답하세요.

① 다르다          ② 틀리다

(1) '다르다'와 '틀리다'의 뜻을 사전에서 찾아 써 보세요.

① 다르다:

-----------------------------------------------------------------

-----------------------------------------------------------------

② 틀리다:

-----------------------------------------------------------------

-----------------------------------------------------------------

(2) '다르다'와 '틀리다'를 넣어 문장을 만들어 보세요.

① 다르다:

-----------------------------------------------------------------

② 틀리다:

-----------------------------------------------------------------

-----------------------------------------------------------------

**2** 아래 두 사람 중 착한 사람은 누구일까요? 내 생각은 어떤지 ⓐ~ⓒ 중에 동그라미를 하고 그 이유를 간단히 써 보세요.

(가) 중학교 3학년인 박지민 군은 한 달에 한 번은 반드시 양로원 봉사 활동을 합니다. 박지민 군이 다니는 양로원에는 의지할 곳 없는 어르신들이 15명 정도 있습니다. 그중에는 거동이 불편한 분도 있습니다. 모두가 누군가의 따뜻한 정을 그리워하는 외로운 분들입니다. 어르신들은 박지민 군이 찾아올 때마다 늘 기쁜 얼굴로 맞아 주시지요. 그런데 뭐가 문제냐고요? 사실 박지민 군은 어르신들이 기쁘든 말든 별 상관이 없답니다. 잠시나마 몸이 불편한 분들의 손발이 되고 싶거나 어르신들의 마음을 위로하고자 봉사 활동하는 게 아니니까요. 물론 보람을 느끼기는 하지만, 박지민 군이 바라는 것은 학교에서 받는 봉사 활동 점수와 상장이랍니다.

(나) 임도훈 씨는 사기꾼입니다. 임 씨한테 당한 사람이 한둘이 아니지요. 임 씨에게는 초등학교 3학년인 아들 임준수 군이 있습니다. 임준수 군은 세상에서 아버지를 가장 사랑하고 존경합니다. 왜냐하면 주변을 둘러보아도 자식을 이처럼 아끼고 온 힘을 다해 사랑하는 아버지는 없으니까요. 임 씨는 여태 아들에게 큰 소리 한 번 친 적이 없습니다. 아들의 일이라면 무엇이든 관심을 가져 주고, 언제나 다정한 태도로 아들을 대하지요. 임준수 군에게 아버지 임 씨는 세상에서 가장 착한 사람입니다.

(ⓐ 박지민 군, ⓑ 임도훈 씨, ⓒ 둘 다 아닌 경우)

# 3 다음 이야기를 읽고 좋은 것과 나쁜 것에 대한 나의 생각을 써 보세요.

옛날 아주 먼 옛날, 매우 오래된 나무가 있었습니다. 나무에는 커다란 가지 2개가 있었습니다. 이 나무의 열매는 금빛인데, 그 맛이 천국의 맛과 같다고 전해졌습니다. 하지만 누구도 그 열매를 따서 먹지는 못했습니다. 가지 2개 중 1개에서 독이 든 열매가 열리는데, 그게 어떤 가지인지 아무도 몰랐기 때문입니다. 그러던 어느 해 심한 가뭄이 들어 온 마을 사람들이 굶어 죽을 지경이 되었습니다. 오로지 먹을 것이라고는 오래된 나무의 풍성한 열매뿐이었습니다. 사람들은 고민했습니다.

'굶어 죽느냐, 잘못해서 독을 먹고 죽느냐.'

그런데 용감하게 열매를 따서 먹는 사람이 있었습니다. 바로 노인들이었습니다. 사람들은 침묵 속에서 기다렸습니다. 하지만 시간이 지나도 노인들은 멀쩡했습니다. 마을 사람들은 노인들이 열매를 땄던 그 가지에 너도나도 달려들었습니다. 그런데 가지가 몽땅 비었을 무렵, 신기하게도 열매가 다시 열려 탐스럽게 맺히는 것이었습니다. 배불리 먹은 사람들은 하마터면 독이 든 가지 때문에 굶어 죽을 뻔했다고 입을 모으면서 독이 든 열매가 열리는 가지를 잘라 버렸습니다. 다음 날 아침, 사람들은 깜짝 놀랐습니다. 오래된 나무의 열매가 몽땅 떨어져 썩어 있었기 때문입니다. 그리고 곧 오래된 나무도 죽고 말았습니다.

**4** '동기'란 어떤 말이나 행동을 하는 이유나 목적을 말해요. '결과'는 어떤 말이나 행동을 했을 때 일어난 일을 가리킵니다. 다음 글을 읽고 동기와 결과 중 어느 것이 더 중요한지 판단해 보세요.

(가) 도둑이 물건을 훔치러 어떤 집에 몰래 숨어들었습니다. 그런데 집주인이 심장마비로 쓰러져 있었습니다. 도둑은 다급한 상황에 일단 집주인에게 심폐 소생술을 했습니다. 그러고는 119에 연락해서 병원에서 치료를 받도록 했습니다. 도둑이 집주인의 목숨을 구한 것입니다.

(나) 기동이가 친구네 집에 놀러 갔습니다. 그런데 거기 기동이 동생이 갖고 싶어 하던 장난감이 있었습니다. 기동이는 동생에게 멋진 생일 선물을 주고 싶었습니다. 하지만 기동이에게는 돈이 없었습니다. 기동이는 아무도 보지 않는 틈을 타 장난감을 슬쩍 가방에 넣었습니다. 다행히 친구는 눈치채지 못했습니다. 집에 돌아온 기동이가 동생에게 선물로 줬더니 동생은 뛸 듯이 기뻐했습니다.

(1) 동기와 결과 중 어떤 것이 더 중요하다고 생각하나요?

- - - - - - - - - - - - - - - - - - - - - - - - - - - - - - - - - - - - - - - - - - -

(2) (나)처럼 동기가 좋아도 안 좋은 결과가 생길 수 있습니다. 그런 적이 있나요? 경험을 적어 보세요.

- - - - - - - - - - - - - - - - - - - - - - - - - - - - - - - - - - - - - - - - - - -

- - - - - - - - - - - - - - - - - - - - - - - - - - - - - - - - - - - - - - - - - - -

**5** 만약 내가 절대 반지를 가지게 된다면 행동이 달라질까요? 다음 글을 읽고 질문에 답하세요.

내 소개를 하지. 내 이름은 절대 반지. 나는 주인을 선택할 수 있는 권한이 있어. 아, 내가 왜 절대 반지로 불리는지 먼저 말해 줄까? 자, 가운데 박힌 까만색 멋진 보석이 보이지? 이 보석은 좌우로 나사처럼 돌아가는 거야. 이걸 왼쪽으로 돌리면 이 반지를 끼고 있는 사람은 아무에게도 보이지 않아. 오른쪽으로 돌리면 다시 원래대로 돌아오지. 자기가 원할 때 투명 인간이 되는 거야! 예전에 나를 가졌던 주인이 나를 이용해서 왕을 죽이고 절대 권력을 얻은 적이 있지. 그가 왕을 죽였다는 것은 아무도 알지 못했어. 그래서 벌을 받지 않았지. 그때부터 나는 절대 반지가 된 거야. 나를 갖고 싶다면 이유를 말해 봐. 네 대답을 듣고 주인으로 삼을지 말지 결정할게.

(1) 절대 반지를 갖고 싶나요? 아닌가요? 절대 반지에게는 어떤 대답을 들려줄 건가요?(ⓐ 갖고 싶어요, ⓑ 갖고 싶지 않아요)

_____

_____

(2) 절대 반지가 여러분을 선택했습니다. 이제 여러분은 절대 반지를 이용해 투명 인간이 되었습니다. 가장 하고 싶은 일은 무엇인가요?

_____

_____

**6** 우리는 누구나 거짓말을 합니다. 그중에 다른 사람의 기분을 망치지 않으면서 분위기를 좋게 만들 수 있는 '하얀 거짓말'이 있습니다. 아래 '하얀 거짓말'에 대한 질문에 답하세요.

(1) 여러분도 하얀 거짓말을 한 적이 있나요? 어떤 경우였나요?

---

---

---

(2) 상대방이 하얀 거짓말을 하고 있다는 것을 눈치챘습니다. 기분이 어떨 것 같나요?

---

---

(3) ⓐ '하얀 거짓말은 해도 된다' 또는 ⓑ '하얀 거짓말도 해서는 안 된다' 중 하나를 선택하여 자신의 생각을 써 보세요.

---

---

---

**7** 만약 힘센 친구가 내 친구에게 폭력을 쓰는 장면을 보았다면 어떻게 하는 것이 좋을까요? 보기 에서 찾아 번호를 쓰고, 그 이유를 써 보세요.

> **보기**
>
> ① 모른 척한다.                          ② 경찰서에 신고한다.
>
> ③ 힘센 친구에게 맞서 싸운다.          ④ 전화로 선생님께 알린다.
>
> ⑤ 친구들을 불러와 힘을 합쳐 싸운다.

(1) 나의 선택은 [        ] 번이에요.

　왜냐하면,

---

**8** 내가 어울리는 친구 중에 보기 와 같은 말을 하는 친구가 있어요. 만약 나라면 어떻게 할지 써 보세요.

> **보기**
>
> 소민아, 은유 좀 이상하지 않아. 우리 쟤랑 놀지 말자.

**9** 핸드폰 메신저에 아래와 같은 글이 올라왔어요. 나는 어떻게 하는 편인지 ① ~④에서 골라 보고, 그 이유를 써 보세요.

현수가 큰 병에 걸려서 오늘 학교에 못 왔대.

① 그냥 믿는다.　　　　　② 다른 친구에게 퍼뜨린다.

③ 직접 확인한다.　　　　④ 살을 붙여 퍼뜨린다.

**1** 아주 오래전부터 동서양의 수많은 철학자들이 인간의 본성에 대해 연구해 왔답니다. 한자리에 모인 철학자들의 이야기를 들어 보고 물음에 답하세요.

📎 보기

> (가) **맹자:** 나는 인간의 본성이 매우 선하다고 본답니다.
>
> (나) **순자:** 말도 안 됩니다. 인간은 본디 악한 존재입니다.
>
> (다) **홉스:** 듣던 중 반가운 소리입니다. 저도 그 의견에 동의하는 바입니다. 저 아시죠? 만인에 대한 만인의 투쟁을 주장한 사람입니다. 하하하.
>
> (라) **고자:** 무슨 소리입니까? 인간의 본성은 선하지도 악하지도 않습니다. 인간은 처음부터 아무런 본성 없이 태어나는 것입니다.
>
> (마) **로크:** 아무렴요. 백지처럼 아무것도 없이 태어났다가 자신의 판단이나 주변 환경에 따라 사람이 저마다 달라지는 것이지요.

(1) 보기 에서 성선설을 주장하고 있는 철학자는 누구인가요? 이 철학자들이 주장하는 내용을 더 찾아보고, 이에 맞는 예를 들어 보세요.

(2) `보기`에서 성악설을 주장하고 있는 철학자는 누구인가요? 이 철학자들이 주장하는 내용을 더 찾아보고, 이에 맞는 예를 들어 보세요.

---

---

---

(3) `보기`에서 고자와 로크가 주장하고 있는 학설의 내용을 좀 더 자세히 찾아보고, 주변에서 예를 들어 보세요.

---

---

---

(4) 여러분은 어떤 철학자의 의견에 동의하나요? 나의 경우를 예로 들어서 주장해 보세요.

---

---

---

**2** 아래 '보기'는 '도덕이나 법칙을 지키면서 살아야하는 이유는 무엇일까요?'에 대한 어린이들의 답변입니다. 아래 물음에 답하세요.

> **보기**
>
> ① 자기 자신에게 이익이 되니까     ② 사회에 이익이 되니까     ③ 인간의 의무이니까

봉사 활동을 하면 칭찬도 받고 점수도 얻을 수 있으니까 좋아.

민수

나는 항상 모금함을 지나치지 못해. 왜냐고? 남을 도왔다고 생각하면 왠지 뿌듯한 느낌이 들거든.

현지

(1) '보기' 중에서 민수의 생각과 같은 것을 골라 보세요. 이를 '윤리학적 이기주의'라고 합니다. 이런 주장을 한 철학자는 누구인지 찾아보세요.

- - - - - - - - - - - - - - - - - - - - - - - - - - - - - - - - - - - - - -

- - - - - - - - - - - - - - - - - - - - - - - - - - - - - - - - - - - - - -

(2) '보기' 중에서 현지의 생각과 같은 것을 골라 보세요. 이는 '공리주의'라고 합니다. 이런 주장을 한 철학자는 누구인지 찾아보세요.

- - - - - - - - - - - - - - - - - - - - - - - - - - - - - - - - - - - - - -

- - - - - - - - - - - - - - - - - - - - - - - - - - - - - - - - - - - - - -

(3) '최대 다수의 최대 행복'이 과연 옳은 걸까요? 10명을 살리기 위해 1명을 죽여야 한다면 어떻게 해야 할지 나의 생각을 써 보세요.

- - - - - - - - - - - - - - - - - - - - - - - - - - - - - - - - - - - - - - - - - - - - - -

- - - - - - - - - - - - - - - - - - - - - - - - - - - - - - - - - - - - - - - - - - - - - -

**3** 선과 악에 대해 올바른 판단을 할 수 있는 공식을 알고 있나요? 다음은 어떤 일이 옳은지 그른지를 올바르게 판단하기 위해 칸트가 만들어 낸 공식입니다. ㉠~㉣에 알맞은 예시를 써 보세요.

---

**공식 : 만약 모두가 그렇게 한다면 세상은 어떻게 될까?**

㉠ 다른 사람도 이런 상황에서 나처럼 행동해도 좋아! → 그렇다면 옳은 행동

㉡ 나에게 유리한 일이 다른 사람에게도 유리해. → 그렇다면 옳은 행동

㉢ 나한테는 좋지만 다른 사람한테는 해를 끼칠 수 있어. → 그렇다면 그른 행동

㉣ 나한테도 별로라면 다른 사람한테도 좋지 않아. → 그렇다면 그른 행동

---

㉠
- - - - - - - - - - - - - - - - - - - - - - - - - - - - - - - - - - - - - - - - - - - - - -

㉡
- - - - - - - - - - - - - - - - - - - - - - - - - - - - - - - - - - - - - - - - - - - - - -

㉢
- - - - - - - - - - - - - - - - - - - - - - - - - - - - - - - - - - - - - - - - - - - - - -

㉣
- - - - - - - - - - - - - - - - - - - - - - - - - - - - - - - - - - - - - - - - - - - - - -

**4** 다음은 세계 명작 《레 미제라블》 중의 한 장면입니다. 아래 글을 읽고 질문에 답하세요.

프랑스 디종이라는 마을에 사는 나이 많은 주교는 성품이 곱고 따뜻해서 불쌍한 사람을 지나치지 못했습니다. 어느 날, 이 마을에 낯선 여행자가 찾아왔습니다. 몸집이 크고 얼굴이 험악한 사내였습니다. 누더기를 걸친 그의 눈빛은 몹시 거칠고 또한 지쳐 보였습니다. 마을 사람들은 아무도 그에게 도움을 주지 않았습니다. 의심의 눈초리로 방도 내주지 않았지요. 누군가 이를 불쌍히 여겨 그에게 주교의 집을 알려 주었습니다.

마침 주교는 저녁 식사를 준비하고 있었습니다.

"제 이름은 장발장입니다. 저에게 먹을 것을 좀 나눠 주세요. 마구간에라도 재워 주세요. 19년 동안 감옥에 있다가 풀려났습니다. 더 이상 걸을 힘조차 없습니다."

주교는 따뜻한 미소로 장발장을 맞아 주었습니다. 그러고는 정성스럽게 차린 저녁 식탁에 그와 함께 앉아 식사를 하고, 은 촛대에 불을 밝혀 그가 묵을 방으로 안내해 주었습니다. 하지만 포근한 잠자리에 누운 장발장은 잠이 오지 않았습니다. 식사 시간에 썼던 은 포크와 은 나이프만 떠올랐기 때문이지요. 결국 장발장은 유혹을 이기지 못하고 몰래 은 식기를 가방에 담아 도망쳤습니다.

다음 날 아침, 주교는 장발장과 함께 은 식기도 없어진 것을 알고는 깜짝 놀랐습니다. 그때 문 두드리는 소리가 났습니다. 경찰이 장발장을 잡아온 것이었습니다.

"이보게, 어찌된 일인가? 내가 이 은 촛대도 줬는데 이건 왜 안 가져갔나?"

"아니, 이자가 주교님 물건을 훔친 건 줄 알고 잡아온 건데……."

"아니요. 새 출발을 축복하는 의미에서 이 친구에게 선물한 거요."

장발장은 어리둥절했지만 고맙다는 인사를 했습니다. 경찰이 가고 나서 주교는 이제부터 정직하게 살 것을 약속해 달라고 했지요. 장발장은 평생 자신을 용서한 주교를 잊지 못하고 은 촛대를 간직했습니다.

(1) 《레 미제라블》 전체를 찾아 읽어 보세요. 장발장은 주교의 도움으로 어떤 삶을 살게 되나요? 한두 줄 정도로 간단히 써 보세요.

----------------------------------------

----------------------------------------

----------------------------------------

(2) 만약 주교의 도움과 용서가 없었다면 장발장의 삶은 어떻게 되었을까요? 우리가 다른 사람들과 서로 돕고 용서하며 살아야 하는 이유를 근거로 삼아 짧은 글을 써 보세요.

----------------------------------------

----------------------------------------

----------------------------------------

(3) 다른 사람에게 진정 도움이 되는 행동이란 무엇일까요? 장발장을 통해 느낀 점을 종합하여 나의 생각을 표현해 보세요.

----------------------------------------

----------------------------------------

----------------------------------------

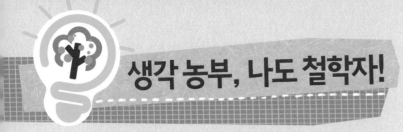

**1** 아래 글에서 대주교가 말한 의미는 무엇일까요? 여러분이 대주교라고 생각하고 자신의 생각을 덧붙여 사람들에게 좀 더 자세히 설명해 주세요.

제2차 세계 대전이 끝난 지 얼마 되지 않은 1946년 추운 겨울, 많은 사람들이 추위와 굶주림으로 생사를 넘나들고 있었습니다. 너무 가난한 나머지 먹을 것은 물론이고, 불을 땔 석탄을 살 돈조차 없었기 때문입니다. 사람들은 기찻길 옆에서 화물차가 지나가면서 떨어뜨리고 간 석탄을 주워 모으기 시작했습니다. 그러다가 결국엔 화물차로 몰래 올라가 석탄을 훔치기 시작했습니다. 많은 사람들이 경찰에 체포되었지요. 사회적으로 큰 문제가 되고 있는 이 사건을 안타까워하며 추기경이 다음과 같이 연설을 했습니다.

(1) '국가도 구제할 수 없는 가난한 이 시대에 필요한 만큼의 석탄을 훔치는 것은 예외적으로 금지되지 않는다.'

좀 더 자세히 설명하자면,

-------------------------------------------------

-------------------------------------------------

-------------------------------------------------

-------------------------------------------------

(2) 그러나 어떤 사람들은 이 말을 무조건 훔쳐도 된다는 뜻으로 오해해서, 추기경은 다시 다음과 같이 덧붙였습니다. '지나치면 안 된다. 필요 이상으로 훔친 것은 반드시 되돌려 주어야 한다.'

왜냐하면,

------------------------------------------------

------------------------------------------------

**2** 친구 중에 거짓말을 잘하는 사람이 있다면 어떤 충고를 해 줘야 할까요? 아래 말풍선에 써 보세요.

알쏭달쏭 낱말 퍼즐을 풀어 보세요.

## 가로 열쇠

2 온갖 종류의 도서, 문서, 기록, 출판물 따위의 자료를 모아 두고 사람들이 볼 수 있도록 한 시설을 말해요.
3 마음이 너그럽고 큰 것을 말해요. 반 옹졸하다.
5 알고 싶은 바를 얻기 위해 묻는 것을 말해요. ○○ 사항.
7 식물성 섬유를 원료로 하여 만든 얇은 물건, 이곳에 주로 글을 쓰거나 그림을 그려요.

## 세로 열쇠

1 지구 표면의 상태를 일정한 비율로 줄여, 이를 약속된 기호로 평면에 나타낸 그림을 말해요. 그림 ○○.
4 상대가 묻거나 요구하는 것에 대하여 해답이나 제 뜻을 말하는 것을 말해요.
6 남의 명령이나 의사를 그대로 따라서 좇는 것을 말해요. 비 순종.

비 는 비슷한 말, 반 은 반대말의 줄임말입니다.

# 안다는 것은 무엇일까요?

What is knowing?

철학하는 어린이

## 안다는 것은 무엇일까요?

오스카 브르니피에 글 | 파스칼 르메트르 그림 | 박광신 옮김

프랑스 낭테르 어린이들과 브르니피에 박사의 철학 대화!

샘수리

오스카 브르니피에 글 | 파스칼 르메트르 그림 | 박광신 옮김

'안다'는 것을 무엇일까요? 과연 내 생각이 정답일까요?
정답은 하나뿐일까요? 이제부터 앎에 대해 알아보아요.

# 생각 씨앗을 심어요

**1** 6가지 질문에 대한 나의 생각을 아래의 메모판에 간단히 써 보세요.

① **앎**: 우주가 있다는 것을 어떻게 알 수 있을까요?

② **곰곰이 생각함**: 곰곰이 생각하는 것이 중요할까요?

③ **모두 안다는 것**: 우리는 모든 것을 알아야 할까요?

④ **학교**: 배우기 위해 반드시 학교에 가야 할까요?

⑤ **생각**: 생각은 생각한 사람의 것일까요?

⑥ **상상**: 상상은 어디에 필요한 걸까요?

① 

② 

③ 

④ 

⑤ 

⑥

**2** '안다'는 말이 같은 뜻인 것끼리 짝을 지어 보세요.

① 이 문제는 공식을 알면 쉽게 풀 수 있다.

구두쇠는 돈만 알지.

② 감기 때문에 음식 맛을 알 수 없다.

실내에서는 얼마나 추운지 알 수 없다.

③ 부모님의 사랑을 이제야 알았다.

사람이 부끄러운 줄 알아야지.

④ 네 일이니까 알아서 해.

태권도 학원에서 알게 된 친구야.

⑤ 둘이 아는 사이야?

영어도 읽고 쓸 줄 알아요.

⑥ 이모는 아직 운전할 줄 몰라요.

그건 엄마가 알아서 할 테니까 걱정 마.

⑥ 삼촌은 공부만 알지 세상을 너무 몰라.

적을 알면 싸움에서 이기기 쉽다.

# 생각 새싹을 티워요

**1** 보기 의 ①~⑤는 '우주가 있다는 걸 어떻게 알 수 있을까요?'에 대한 어린이들의 답변입니다. 잘 보고 물음에 답하세요.

보기

① 난 하늘에 가득한 별을 보면서 우주가 있다는 것을 알 수 있어요.

② 부모님께서 우주가 있다고 이야기해 주셨으니까요.

③ 우주가 있을 거라고 나 스스로 이해했어요.

④ 우주가 있다는 것을 학자들이 발견했으니까요.

⑤ 지구가 있어야 할 장소가 필요하고, 난 그곳이 우주라고 생각해요.

(1) 보기 중 고사성어 백문불여일견(百聞不如一見)과 가장 관련이 깊은 답변은 어떤 것일까요?

- - - - - - - - - - - - - - - - - - - - - - - - - - - - - - - - - - - - - - -

(2) 고사성어 백문불여일견(百聞不如一見)의 뜻을 써 보세요.

- - - - - - - - - - - - - - - - - - - - - - - - - - - - - - - - - - - - - - -

(3) 우주가 있다는 걸 어떻게 알 수 있는지 보기 를 참고하여 나만의 생각을 써 보세요.

- - - - - - - - - - - - - - - - - - - - - - - - - - - - - - - - - - - - - - -

- - - - - - - - - - - - - - - - - - - - - - - - - - - - - - - - - - - - - - -

**2** 다음 글을 읽고 물음에 답하세요.

우리는 좋은 선택을 하기 위해 생각하고, 때로는 세상을 바꾸기 위해 생각해요. 하지만 곰곰이 생각하는 것이 간단하지만은 않아요. ㉠ 곰곰이 생각하려면 시간이 걸리고, 경험과 지식도 필요하니까요. 또한 ㉡ 곰곰이 생각하는 게 때로는 우스워 보일까 봐 두렵기도 하고, 곰곰이 생각하고도 실수할까 봐 겁도 나요. 게다가 ㉢ 너무 곰곰이 생각하면 생각이 제자리에서 맴돌 때가 있어요. 그러면 그때는 아무 행동도 못하고 불행해 하지요. 생각하는 게 재미있다는 것을 잊어버린 거예요. 하지만 감정을 잘 다스리면 좋은 것처럼, 생각도 잘하면 아주 좋은 것이랍니다. ㉣ 생각으로 자신의 능력과 한계를 넘을 수 있기 때문이지요.

(1) 나는 평소에 얼마나 곰곰이 생각하면서 지낼까요? ㉠, ㉡, ㉢과 같은 경우가 있었는지 경험 속에서 찾아 예를 들어 보세요.

㉠
-------------------------------------------------------------------

㉡
-------------------------------------------------------------------

㉢
-------------------------------------------------------------------

(2) ㉣과 같은 경험을 한 적도 있나요? 어떤 일이었는지 써 보세요. 없다면 ㉣과 같이 한 사람은 누가 있을지 생각해 보고, 왜 그렇게 생각하는지 그 사람이 한 일에 대해 간단히 써 보세요.

-------------------------------------------------------------------

-------------------------------------------------------------------

-------------------------------------------------------------------

**3** 아래는 승민이와 민아의 일기입니다. '보기'의 ⓐ, ⓑ, ⓒ를 이용해서 승민이와 민아를 설득해 보세요.

### 승민이의 일기

나는 학교에 가기 싫다. 숙제 검사를 하는 날, 시험 보는 날, 친구와 싸운 다음 날은 정말 학교에 가고 싶지 않다. 학교 갈 생각만 하면 머리가 지끈거린다. 열이 나는 것 같고 배도 살살 아프다. 도대체 왜 학교에 가야 하는 걸까? 학교에 가지 않고 집에서 공부하면 안 되는 걸까? 난 내일 학교에 가지 않을 거다.

### 민아의 일기

난 공부 따위는 하고 싶지 않아. 내 꿈은 큰 부자가 되는 거라고. 학교 다니는 건 친구들도 만나고 선생님도 만날 수 있으니까 좋아. 하지만 수업 시간은 정말 힘들어. 어떤 사람은 너무 가난해서 초등학교만 나왔는데도 큰 회사를 만들어서 부자가 되었대. 나도 초등학교까지만 다니겠어. 꼭 공부를 많이 해야 성공하는 건 아니잖아.

---

### 보기

ⓐ 의무 교육은 국민이 지켜야 할 의무로 학교에 갈 나이가 된 어린이들을 학교에 보내야 하는 국민 교육을 말합니다. 학교에 갈 나이가 되었는데도 학교에 보내지 않는 것은 위법 행위입니다.

ⓑ 학교는 단지 지식만 배우기 위해서 가는 곳은 아닙니다. 또래 친구들과 어울려 사회생활을 익히면서 사람들과 함께 살아가는 법을 배우고, 꿈을 찾고 직업을 가질 준비도 합니다.

ⓒ 《마지막 수업》은 프랑스 작가 알퐁스 도데가 쓴 소설입니다. 주인공 프란츠는 문

법 수업 시간이면 늘 지각을 했지요. 그런데 어느 날, 선생님이 프란츠가 싫어하던 문법 수업이 마지막 수업이라고 했습니다. 소년이 살던 곳을 독일이 지배하게 되어 더 이상 프랑스어를 쓸 수가 없게 된 거예요. 자기 나라 말도 제대로 배우지 못한 프란츠는 몹시 후회했습니다. '진작 문법을 배워 둘걸!' 하고 말이에요.

(1) 승민이에게

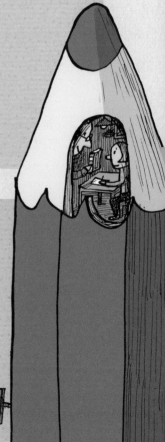

(2) 민아에게

**4** 여러분은 어디에서 가장 많은 것을 배우나요? 집인가요, 학교인가요, 사회인가요? 보기 에서 골라 나의 생각을 아래에 써 보세요.

보기

① 책    ② 학원    ③ 학교    ④ 부모님    ⑤ 친구    ⑥ 텔레비전

(1) 첫 번째로는 (        )에서.
그렇게 생각하는 이유는,

_____

_____

_____

(2) 두 번째로는 (        )에서.
그렇게 생각하는 이유는,

_____

_____

_____

(3) 여러분이 알게 된 것 중에서 가장 재미있고 기억에 남는 것은 어디에서 무엇을 통해서 알게 된 것인지 써 보세요.

_____

_____

**5** 두 사람 사이에 오가는 문자의 내용을 보고 물음에 답하세요.

미소야! 팬케이크 만드는 법 좀 알려 줘. 나도 엄마한테 만들어 드리고 싶어.

달걀을 풀어서 거품이 나면 밀가루를 한 컵 넣어. 베이킹 파우더도 조금 넣고 함께 휘저어. 참, 우유랑 식용유도 조금 넣고. 프라이팬이 달궈지면 한 국자 붓고 익히면 돼.

정말 간단하다! 고마워. ^^

띵똥~ 잠시 후, 미소에게 수영이가 보낸 문자가 또 왔습니다.

네가 확실히 알려 주지 않아서 망쳤어. 베이킹파우더랑 우유랑 식용유를 조금만 넣으라고 해서 반 컵씩만 넣었거든. 뭔가 이상해서 밀가루랑 우유를 조금씩 계속 넣다가 망쳐 버렸어.

조금만 넣으라고 했는데 반 컵씩이나 넣었다고?

(1) 수영이가 팬케이크 만들기를 실패한 이유는 무엇일까요? 지식의 확실성에 관련하여 설명해 보세요.

- - - - - - - - - - - - - - - - - - - - - - - - - - - - - - - - - - - - - - - -

(2) 과학자가 정확하게 온도를 재지 않고 '차가운' 물에 '따끈하게' 실험 용액을 데워 적당히 조금만 넣었다면 어떤 일이 벌어질까요?

- - - - - - - - - - - - - - - - - - - - - - - - - - - - - - - - - - - - - - - -

- - - - - - - - - - - - - - - - - - - - - - - - - - - - - - - - - - - - - - - -

**6** 철학자들은 경험을 통해 얻는 지식과 생각을 통해서 얻는 지식 중에서 어떤 것이 더 중요하고 확실한 것인지 오랫동안 연구해 왔습니다. 다음은 경험과 생각, 그리고 이들을 통해 얻는 지식의 차이를 설명한 것입니다.

경험

- 특별히 많이 배우지 않아도 누구나 할 수 있다. (예 봄날 외출을 하다.)
- 똑같은 경험을 해도 서로 다르게 말할 수 있다. (예 ㉠ 봄바람이 아직 차다 vs 봄바람이 제법 따스하다.)

생각

- 충분히 배우지 못하면 제대로 할 수 없다. (예 덧셈, 뺄셈 기호를 모르면 사칙 연산 문제를 풀 수 없다./ 'father'라는 단어를 모르면 '아빠'라고 해석할 수 없다.)
- 모두가 일치하는 답을 내놓을 수 있지만 그러기 위해서는 많은 공부와 연습이 필요하다. (예 ㉡ 사과나무에서 사과가 떨어지는 건 중력 때문이다.)

(1) 여러분이 경험을 통해서 알게 된 것과 생각을 통해서 알게 된 것은 각각 어떤
   것들인가요?

   ① 경험:
   ------------------------------------------------------------

   ------------------------------------------------------------

   ② 생각:
   ------------------------------------------------------------

   ------------------------------------------------------------

(2) ㉠과 같은 예로, 실제 겪었던 일을 써 보세요.

   ------------------------------------------------------------

   ------------------------------------------------------------

(3) ㉡의 예로는 어떤 것들이 있을까요? 그것을 철학자들이 확실한 지식을 찾기
   위해 고민했던 이유와 관련지어 설명해 보세요.

   ------------------------------------------------------------

   ------------------------------------------------------------

   ------------------------------------------------------------

# 생각 열매를 맺어요

**1** 우리는 학교에서 많은 것을 배워요. 우리가 배우는 것들에 대해서 생각해 보고, 아래 질문에 답하세요.

(1) 내가 가장 중요하다고 생각하는 과목을 순서대로 써 보세요.

_____

(2) 좋아하는 과목을 순서대로 써 보세요.

_____

(3) 중요한 과목이 싫어하는 과목이라면 어떻게 해야 할까요?

_____

_____

_____

**2** 철학자들은 꿈만 꾸는 공상가일까요? 아래 글을 읽고 내 생각을 써 보세요.

탈레스는 그리스의 위대한 철학자이자 수학자입니다. 하지만 사람들은 그를 비웃었습니다. 어느 날 하늘을 관찰하는 데 열중하다 그만 우물에 빠지고 말았거든요. 사람들은 자기가 걷는 곳이 어딘지도 모르면서, 하늘의 신비를 연구해 어디에다 쓰냐면서 형편없는 그의 일상생활을 우습게 여긴 것이지요.

사람들의 수군거림을 알고 있던 탈레스는 단단히 마음먹었습니다. 자신의 학문이 아무짝에도 쓸모없다는 말에 화가 나서 사람들의 코를 납작하게 해 주기로 한 것입니다. 탈레스는 천문학적 지식을 이용해서 다음 해에 올리브 열매 농사가 풍년이 들 것임을 알 수 있었습니다. 그래서 모아 둔 돈을 탈탈 털어서 전국에 있는 올리브유 짜는 기계를 헐값에 몽땅 사들였습니다. 다음 해에 올리브 농사는 풍년이었고, 탈레스는 자기가 낸 돈의 두 배를 받고 기계를 사람들에게 빌려주었지요. 탈레스는 엄청난 재산을 모을 수 있었습니다. 하지만 탈레스는 불우한 이웃을 위해 전 재산을 모두 썼습니다. 자신이 부자가 되지 않은 것이 자기가 갈고 닦은 학문이 소용이 없어서가 아니라 단지 욕심이 없었을 뿐이라는 것을 보여 준 것이지요.

**3** 다음 글을 읽고 물음에 답하세요.

　　인도에서 전해 내려오는 옛날이야기입니다. 너무 넓어서 다리를 놓을 수 없는 강이 있었습니다. 강가에는 언제나 손님을 기다리는 뱃사공 한 명이 있었습니다. 오직 그 뱃사공의 배를 타야만 강을 건널 수 있었지요. 뱃사공은 강을 건네 주는 대가로 돈을 받아 끼니를 때우며 살았습니다. 하지만 그는 고달픈 삶을 불평하지 않았습니다. 사람들을 배에 태우는 일을 삶의 기쁨으로 여기며 살았지요.

　　그러던 어느 날, 책을 잔뜩 짊어진 학자가 뱃사공을 찾아왔습니다. 학자가 배에 오르자 뱃사공은 반갑게 맞이하면서 이런저런 이야기를 했습니다. 말을 나누다 보니 학자는 뱃사공이 배운 게 별로 없다는 것을 눈치챌 수 있었습니다. 학자는 잘난 척하면서 물었습니다.

　　"학교에 다닌 적이 있나요? 역사를 공부한 적은 있습니까? 지리는요? 밀물이나 썰물과 같은 과학에 대해서는 좀 배웠습니까?"

　　"아니요. 저는 학교에는 가 본 적이 없습니다. 역사도 지리도 과학도 배운 적이 없답니다."

　　뱃사공은 왠지 자신이 초라하게 느껴졌지만 솔직하게 대답했습니다.

　　"세상에. 아무것도 배운 게 없다고요? 그렇다면 당신은 세상에 대해 전혀 모르는 것과 다름없어요. 인생의 반을 잃은 거나 마찬가지요."

　　뱃사공은 기분이 더욱 나빠졌지만 열심히 노만 저었습니다. 어느덧 강 중간에 이르자 해가 쨍했던 날씨가 순식간에 뒤바뀌면서 갑자기 폭풍이 몰아쳤습니다. 배가 뒤집혀서 두 사람은 물에 빠지고 말았습니다. 허우적거리는 학자를 보고 뱃사공이 소리쳐 물었습니다.

　　"헤엄칠 줄 알아요? 헤엄치는 법을 배운 적 있습니까?"

"아니요!"

학자가 다급하게 소리쳤습니다. 그러자 뱃사공이 나지막한 목소리로 말했답니다.

"세상에! 그렇다면 당신은 인생 전부를 잃게 되겠군요."

(1) 학자가 뱃사공을 무시한 이유는 무엇인가요?

① 돈을 많이 버는 직업이 아니어서

② 배운 게 별로 없어서

③ 가난해 보여서

④ 외모가 못생겨서

⑤ 착하지 않아서

(2) 지금까지 살면서 누군가에게 무시당한 적이 있나요? 남에게 무시를 당했을 때의 기분을 찾아 동그라미를 해 보세요.

| 싫어 | 미안해 | 고마워 | 행복해 |
|---|---|---|---|
| 울고 싶어! | 신나 | 화가 나 | |
| 짜증 나 | 슬퍼 | 복잡해 | |

**4** '보기'의 단어들은 어떤 관계가 있을까요? 나의 생각을 '예' 또는 '아니오'로 답하고 그 이유를 간단히 설명해 보세요.

**보기**

지혜, 지식, 배움, 나이, 상상, 깨달음, 앎(안다)

(1) 지혜와 지식은 다른 것인가요? (ⓐ 예, ⓑ 아니오)

_____

_____

(2) 나이가 많을수록 지혜로워지나요? (ⓐ 예, ⓑ 아니오)

_____

_____

_____

(3) 나이가 많을수록 지식이 많아지나요? (ⓐ 예, ⓑ 아니오)

_____

_____

_____

_____

(4) 많은 것을 아는 사람일수록 지혜로운가요? (ⓐ 예, ⓑ 아니오)

(5) 예술가나 발명가는 지식보다는 상상력이 더 뛰어나야 될 수 있나요? (ⓐ 예, ⓑ 아니오)

(6) 지식이 없으면 무언가를 깨닫기 힘든가요? (ⓐ 예, ⓑ 아니오)

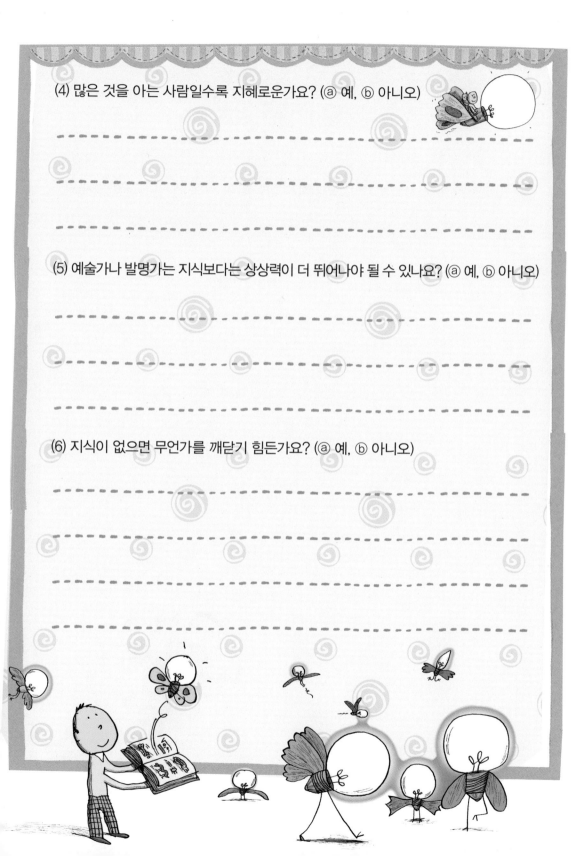

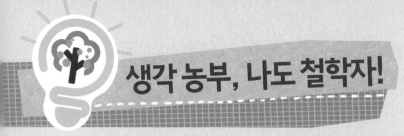
**1** 100년 뒤 미래 사회는 어떤 모습일지 상상하여 글로 쓰거나 그려 보세요.

**2** 제시된 소재(①, ②, ③, ④)와 이야기(㉮, ㉯, ㉰) 중에 내가 쓰고 싶은 것을 하나씩 골라 보세요. 그런 다음 주인공을 한 명 정하고, 주인공이 한 가지 이상의 사건을 겪도록 이야기를 만들어 보세요.

| 소재 | 이야기 |
| --- | --- |
| ① 부모님께 거짓말을 한 일 | ㉮ 눈물 나도록 슬픈 이야기 |
| ② 내가 꿈꾸는 나 | ㉯ 가슴이 따뜻해지는 감동적인 이야기 |
| ③ 무엇이든 발명할 수 있는 발명가가 된다면? | ㉰ 깔깔 웃음이 나오는 재미있는 이야기 |
| ④ 클론. 나의 복제 인간이 나타났다! | |

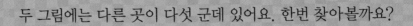

두 그림에는 다른 곳이 다섯 군데 있어요. 한번 찾아볼까요?

# 폭력이란 무엇일요?

오스카 브르니피에 글 | 안느 엠스테주 그림 | 박광신 옮김

폭력이란 무엇일까요? 폭력은 필요할 때가 있나요?
언제 폭력적으로 되나요? 지금부터 폭력에 대해 알아보아요.

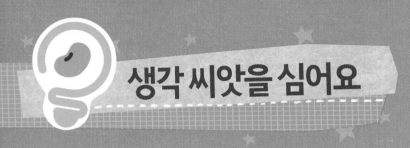

# 생각 씨앗을 심어요

**1** 화가 난 경우가 있었나요? 어떤 경우에 화가 나서 거친 행동을 하는지 빈 칸에 적어 보세요.

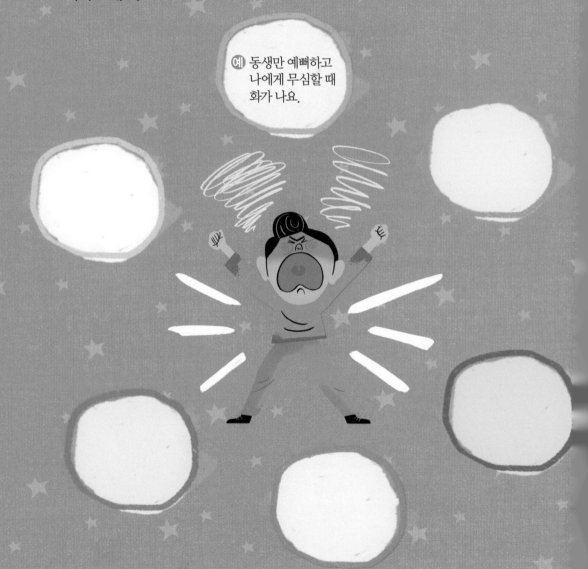

예 동생만 예뻐하고 나에게 무심할 때 화가 나요.

**2** 다음 보기를 보고 자신을 채우고 있는 감정과 생각들을 아래에 적어 보세요.

보기

자기반성, 성냄, 부드러움, 유머, 게임, 학원 숙제

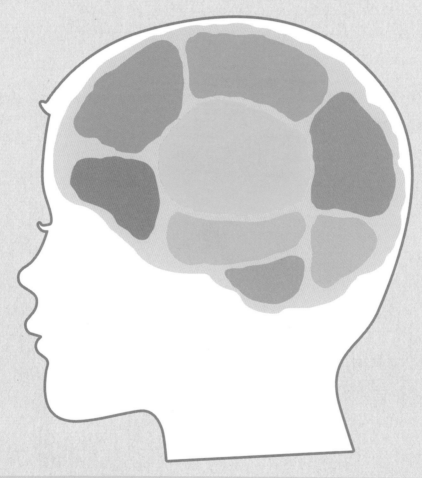

**3** 나를 채운 감정의 순위를 매겨 보세요.

①        ②        ③        ④

# 생각 새싹을 틔워요

**1** 보기 를 보고 물음에 답해 보세요.

> 보기
>
> ① 업신여기다          ② 참다

(1) '업신여기다'와 '참다'를 사전에서 찾아 써 보세요.

① 업신여기다

----------------------------------------

----------------------------------------

② 참다

----------------------------------------

----------------------------------------

(2) '업신여기다'와 '참다'를 넣어 각각 알맞은 문장을 만들어 보세요.

① 업신여기다

----------------------------------------

----------------------------------------

② 참다

----------------------------------------

----------------------------------------

**2** 초등학교 4학년 민석이와 2학년 민준이 형제는 보드게임을 하기로 했어요. 그러자 엄마가 게임 규칙을 아래와 같이 정해 주었어요.

▶규 칙◀

① 주사위를 던져서 나온 수의 칸만큼만 이동할 수 있다.

② 주사위가 손에서 떨어지면 주사위를 던진 것으로 간주한다.

③ 무인도에 걸리면 2회 쉰다.

④ 황금 열쇠를 뽑으면 원하는 위치로 이동할 수 있다.

(1) 이런 규칙은 왜 만들었을까요?

(2) 상대가 규칙을 지키지 않는다면 어떤 일이 벌어질까요?

**3** 글을 읽고 질문에 자신의 생각을 써 보세요.

(가) 아침에 엄마가 깨우질 않아서 성희는 늦게 일어났습니다.

등교 준비를 하다가 알림장을 보니 준비물이 있었는데, 깜박했습니다. 성희는 출근 준비로 바쁜 엄마께 준비물을 챙겨 달라고 큰소리로 말했습니다.

"엄마, 엄마 때문에 늦게 일어났으니까 준비물 엄마가 챙겨 줘.

안 챙겨 가면 친구들이 놀린단 말이야. 준비물 챙겨 줘!"

"성희야, 엄마도 회사 출근 준비로 바쁘니까 네가 좀 챙겨."

"싫어, 엄마가 안 깨워서 늦게 일어난 거잖아. 준비물 안 챙겨 주면 나 학교 안 갈 거야. 얼른 엄마가 챙겨 줘."

엄마는 떼쓰는 성희 준비물을 챙겨 주느라 회사에 지각하고 말았답니다.

"김 과장, 이번 달 지각 1번 더하면 하루 결근입니다.

알겠어요? 김 과장이 지각해서 다들 회의를 못하고 있잖아요."

"네, 죄송합니다. 일찍 출근하도록 하겠습니다."

직장 팀장님께 한소리 들은 엄마는 기분이 안 좋았지만 참았습니다.

(1) 글에서 성희는 왜 화가 났을까요?

- - - - - - - - - - - - - - - - - - - - - - - - - - - - - - - - - - -

- - - - - - - - - - - - - - - - - - - - - - - - - - - - - - - - - - -

- - - - - - - - - - - - - - - - - - - - - - - - - - - - - - - - - - -

(2) 엄마의 기분은 어떨지 엄마의 입장이 되어 써 보세요.

---------------------------------------

---------------------------------------

---------------------------------------

(3) 나라면 어떻게 할 것 같나요?

---------------------------------------

---------------------------------------

---------------------------------------

(4) 나는 언제 화를 내나요? 자신의 경험을 떠올려 보고 적어 보세요.

---------------------------------------

---------------------------------------

---------------------------------------

**4** 앞의 글에 이어 다음 (나) 글을 읽고 자신의 생각을 써 보세요.

(나) 수영이는 아침에 언니가 떼를 쓰면 엄마가 다 들어준다는 걸 지켜봐서 알고 있습니다. '그럼 나도 엄마께 떼를 써서 내가 갖고 싶은 걸 사달라고 해야지.' 라고 생각했습니다.

"엄마, 나 새로 나온 캐릭터 그려진 가방 갖고 싶어요, 사 주세요."

"수영아, 네 가방은 산지 얼마 안 된 거잖아, 더 들고 다니다 낡아지면 나중에 엄마가 사 줄게."

수영이는 자기 말을 안 들어주는 엄마가 서운했어요.

"엄마는 나빠! 언니 말은 다 들어주면서 왜 내 말은 안 들어주는 건데."

퇴근길에 엄마는 수영이에게 미안했던지 수영이가 좋아하는 딸기를 사 오셨습니다.

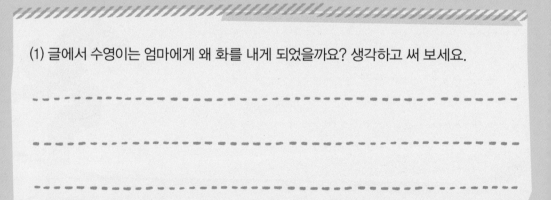

"수영아, 엄마가 너 좋아하는 딸기 사 왔어, 같이 먹자."

수영이는 엄마께 대답도 안하고 방문을 쾅 닫고 들어가 버렸습니다.

(1) 글에서 수영이는 엄마에게 왜 화를 내게 되었을까요? 생각하고 써 보세요.

- - - - - - - - - - - - - - - - - - - - - - - - - - - - - - - - - - -

- - - - - - - - - - - - - - - - - - - - - - - - - - - - - - - - - - -

- - - - - - - - - - - - - - - - - - - - - - - - - - - - - - - - - - -

(2) 화가 나면 여러분은 어떤 말을 하게 되나요?

- - - - - - - - - - - - - - - - - - - - - - - - - - - - - - - - - - - - - - - -

- - - - - - - - - - - - - - - - - - - - - - - - - - - - - - - - - - - - - - - -

- - - - - - - - - - - - - - - - - - - - - - - - - - - - - - - - - - - - - - - -

(3) 위와 같이 말하고 나면 기분이 어떤가요?

- - - - - - - - - - - - - - - - - - - - - - - - - - - - - - - - - - - - - - - -

- - - - - - - - - - - - - - - - - - - - - - - - - - - - - - - - - - - - - - - -

- - - - - - - - - - - - - - - - - - - - - - - - - - - - - - - - - - - - - - - -

(4) 엄마에게 화를 냈던 성희와 수영의 말을 부드러운 말로 표현해 보세요.

- - - - - - - - - - - - - - - - - - - - - - - - - - - - - - - - - - - - - - - -

- - - - - - - - - - - - - - - - - - - - - - - - - - - - - - - - - - - - - - - -

- - - - - - - - - - - - - - - - - - - - - - - - - - - - - - - - - - - - - - - -

**5** 동화 '바람과 해님'을 읽고 물음에 답하세요.

해님과 바람은 서로 힘이 세다고 자랑을 하고 있었어요. 해님과 바람은 누가 더 힘이 센지, 길을 가고 있는 나그네 옷을 벗기는 걸로 내기를 했지요. 바람은 세게 바람을 일으켜 나그네의 옷을 벗기려고 했어요. 센 바람이 불자 나그네는 옷깃을 세우고 어깨를 움츠리며 걸어갔어요. 바람은 더 강한 바람을 나그네에게 보냈어요. 나그네는 바람이 강하게 불수록 옷을 더 꼭 붙잡고 걸어갔답니다. 이번에는 해님이 햇빛을 나그네에게 비추었어요. 길을 가고 있던 나그네는 이마의 땀을 닦으면서 날씨가 변덕스럽다고 생각했어요. 해님은 좀 더 햇빛을 비추기 시작했어요. 땀을 닦던 나그네는 겉옷을 벗고 부채질을 하면서 천천히 걸어갔답니다. 결국 따뜻한 해님이 강한 바람을 이겼어요.

(1) 위 동화처럼 힘이 세다고 내기를 하자는 친구가 있으면 어떻게 할까요?

① 친구니까 내기를 하자는 친구와 내기를 한다.
② 내기를 해서 지면 짜증이 나니 기필코 이겨야 한다.
③ 내기를 할지 안 할지 곰곰이 생각하면서 평정심을 갖는다.
④ 지면 창피하니까, 그 자리를 슬쩍 피해 숨어 버린다.

(2) 해님이 이길 수 있었던 방법은 무엇이었나요?

- - - - - - - - - - - - - - - - - - - - - - - - - - - - - - - - - - - - - - - - - - -

- - - - - - - - - - - - - - - - - - - - - - - - - - - - - - - - - - - - - - - - - - -

- - - - - - - - - - - - - - - - - - - - - - - - - - - - - - - - - - - - - - - - - - -

(3) 친구가 내기를 하자고 할 때나 싸움을 걸어올 때 피하는 방법도 있답니다. 해님이라
면 어떻게 피할지 써 보세요.

- - - - - - - - - - - - - - - - - - - - - - - - - - - - - - - - - - - - - - - - - - -

- - - - - - - - - - - - - - - - - - - - - - - - - - - - - - - - - - - - - - - - - - -

- - - - - - - - - - - - - - - - - - - - - - - - - - - - - - - - - - - - - - - - - - -

## 생각 열매를 맺어요

**1** 우리는 집에서뿐만 아니라 학교, 학원, 길거리에서도 여러 가지의 거친 상황을 경험하곤 해요.

(1) 자신이 거칠거나 폭력적이라고 생각할 때가 있나요? 어떤 경우에 그런가요?

-------------------------------------------------------------

-------------------------------------------------------------

-------------------------------------------------------------

(2) 가족들 특히 동생이나 형에게 화가 난 경우가 있나요? 어떤 경우에 그런가요?

-------------------------------------------------------------

-------------------------------------------------------------

-------------------------------------------------------------

(3) 학원이나 학교에서 화가 난 경우가 있나요? 어떤 경우에 그런가요?

-------------------------------------------------------------

-------------------------------------------------------------

-------------------------------------------------------------

**2** 다음 글을 읽고 내가 제호라면 희철에게 어떻게 말을 할지 생각해 보고 적어 보세요.

> 곤충과 파충류에 관심이 많은 제호는 생일 선물로 도마뱀을 받았다고 친구들에게 자랑하고 있었어요. 그때 덩치 큰 희철이가 징그러운 도마뱀을 왜 키우는지 모르겠다고 무시하며 제호를 놀렸어요. 제호는 화가 났지만 덩치 큰 희철에게 아무말도 못했답니다.

------------------------------------------------

------------------------------------------------

------------------------------------------------

**3** 길거리에서 강아지 목줄을 잡고 강아지를 때리는 아저씨를 봤어요. 용기를 내어 아저씨께 말한다면 어떤 말을 해 주고 싶나요?

------------------------------------------------

------------------------------------------------

------------------------------------------------

**4** 다음의 속담은 무슨 뜻일까요?

① 가는 방망이 오는 홍두깨

---

② 개천에서 용 난다.

---

③ 고운 자식 매 한 대 더 때린다.

---

④ 남의 눈에 눈물 내면 제 눈에는 피눈물이 난다.

---

(1) 위 속담 중 서로 같은 뜻을 갖고 있는 속담을 골라 보세요.

---

(2) 내가 경험했던 일을 속담과 연결해서 짧은 글을 써 보세요.

---

---

**5** 다음 그림을 보고 화내는 얼굴과 화내지 않는 얼굴을 비교해서 그려 보세요.

(1) 얼굴을 비교해 보고 어떤 얼굴이 더 예쁜지 말하고 적어 보세요.

- - - - - - - - - - - - - - - - - - - - - - - - - - - - - - - - - - - - - - - - - - - - - - - - - - - - - -

**6** 아래 글을 읽고 자신의 생각을 써 보세요.

중학교 1학년인 태우는 반에서 친구들에게 인기가 좋습니다. 친구들의 어려운 일도 잘 도와주고 무거운 것도 잘 들어주는 키 크고 힘이 센 아이였어요. 어느 날 키가 작은 반장은 교훈 액자를 걸기 위해 벽에 못 박는 일을 태우에게 부탁했어요. 태우는 키도 크고 힘이 셌지만 고소 공포증이 있어서 높은 곳에 못 박는 일은 자신이 없었어요.

"반장, 나는……. 높은 곳은……."

"넌 키도 크고 힘도 세니 잘할 거야!"

"정말 난 못해. . ."

"얘들아, 우리 태우가 못 박는 거 응원하자. 우우우우우"

태우를 보고 웃고 있는 반장을 보고 차마 못하겠다는 말은 할 수가 없었어요. 반장은 태우가 뭐든 잘할 것이라고 생각했나 봅니다.

손도 바들바들 다리도 후들후들, 반장과 친구들은 태우가 못 박는 걸 바라보고 응원하고 있어요. 그 순간부터 태우는 반장이 두렵기 시작했어요.

(1) 태우는 반장이 왜 두려워지기 시작했을까요?

- - - - - - - - - - - - - - - - - - - - - - - - - - - - - -

- - - - - - - - - - - - - - - - - - - - - - - - - - - - - -

- - - - - - - - - - - - - - - - - - - - - - - - - - - - - -

(2) 위의 상황에서 태우는 어떻게 해야 했을까요?

_____

_____

(3) 반장이 태우에게 잘못한 것은 무엇일까요?

_____

_____

(4) 나도 누군가를 두려워하게 된 일이 있었나요? 그 이유는 무엇이었는지 생각하고
정리해 보세요.

_____

_____

(5) 반장에 대한 두려움을 없애려면 어떻게 해야 할까요?

_____

_____

_____

# 생각 농부, 나도 철학자!

**1** 평화로운 교실 풍경은 어떤 모습일까요? 상상해서 그려 보세요.

**2** 자기보다 약한 사람을 때리는 것은 잘못된 행동이지요. 그러면 어떤 경우에 때리는 행동이 허락될까요? 생각해 보고 적어 보세요.

**3** 우리 사회에서 폭력이 필요한 경우가 있을까요? 강한 힘으로 폭력을 예방할 수 있지 않을까요? 곰곰이 생각해 보고 적어 보세요.

무서운 개를 피해 집으로 가는 길을 찾아갈까요?

# 풀이와 설명

문제를 만든 것은 샘솟는 생각을 자유롭게 채워 나가게 하기 위해서랍니다.
각 주제마다 자신의 생각을 정리해 보고,
풀이는 참고로만 사용해 주세요.

**1** (1) ① 행복, 우리는 모두 행복하길 바라요. 행복은 스스로 찾아가는 거예요.

② 야망, 우리는 성공한 사람이 되고 싶어요. 성공하기 위해서는 자신의 능력을 계발하면서 많은 노력을 해야 하지요.

(2) ③ 불행, 우리는 불행하길 바라지 않아요. 폭력, 배고픔, 전쟁 등과 같은 안타까운 일들을 보면 슬프지요. 또 혼자 있어서 외로울 때, 상대로부터 이해받지 못할 때 불행하다고 느껴요.

⑥ 죽음, 사람은 영원히 살 수 없기 때문에 언젠가는 죽어요. 죽음은 언제 어떻게 올지 모르기 때문에 두려워요.

(3) ④ 존재, 이 세상에 사람이 존재하는 건 확실해요. 그런데 이 사실은 우리가 왜 존재하는지 생각하고 묻게 만들어요. '존재'에 대해 묻는 것은 '좋다, 나쁘다'로 구분하기에는 어려운 질문이에요.

⑤ 삶의 의미, 사람들은 끊임없이 왜 사는지 묻고, 자기 나름대로 삶의 의미를 찾아요. '삶의 의미'에 대해 묻는 것은 '좋다, 나쁘다'로 구분하기에는 어려운 질문이에요.

**2** (1) 스피노자

(2) ⑩ 오늘 할 일을 내일로 미루지 마라.

(3) ① 나는 매일매일 운동을 하기로 한 계획을 잘 지키며 살고 있다.

② 게임을 하고 텔레비전을 보느라고 숙제를 미루다가 못한 적이 많다. 앞으로는 계획한 일을 먼저 마치고, 놀아야겠다.

**1** (1) 사람은 먹고살기 위해서 일이 꼭 필요해요. 또 꿈을 이루기 위해서도 일을 해야 해요.

(2) 일이 좋아서 하는 경우도 있지만, 생활에 필요한 돈을 벌기 위해 일하는 경우도 있어요. 일이 끝난 후에 재미있는 취미 생활을 하거나 여행을 간다면 싫은 일도 즐겁게 할 수 있어요. 또 좋아하는 일을 찾기 위해 노력을 해야 해요.

**2** (1) ⑩ 일만 하면 아무것도 즐길 수 없잖아. 지금 당장 행복한 게 중요해.

(2) ⑩ 지금 일하지 않으면 추운 겨울에 먹을 게 없어 굶어 죽을 거야. 추운 겨울을 따뜻하게 보내기 위해서는 지금 조금 힘들더라도 일하는 게 좋아.

**3** (1) ④

(2) ⑩ 미수가 가장 비슷해요. 내 꿈은 가수예요. 난 춤추고 노래하는 걸 좋아해요. 커서 가수가 돼서 큰 무대에서 노래를 하고 싶어요.

(3) 많은 사람들이 성공을 인생의 목표로 삼아요. 좋은 학교, 좋은 직장, 좋은 배우자를 만나서 사는 것을 성공이라 말해요. 하지만 남을 짓밟고 돈, 권력, 명예를 가진다면 값진 성공이라고 할 수 없어요. 값진 성공이란 남에게 자기가 가진 것을 베풀고 더불어 함께 사는 넓은 마음을 가진 것이에요.

**4** (1) ⑩ 어른이 되면 해야 할 일과 걱정거리가 많아요. 또 가족을 위해 일을 해야 하지요. 어른들은 늘 잃어버린 꿈을 찾고 싶어 해요. 그래서 무엇이든 꿈꾸고 도전할 수 있는 어린이를 부러워해요.

(2) ⑩ 아빠에게도 어린 시절이 있었다니. 나와 비슷한 얼굴을 한 아빠가 할아버지, 할머니와 함께 있는 모습이 신기했고, 왠지 나의 미래의 모습을 보는 것 같았어요.

**5** (1) 예 공룡, 매머드, 도도새

(2) 인간도 환경에 적응하지 못하면 멸종할 수 있어요. 이 세상에 사람이 존재하는 이유는 여러 가지가 있겠지만, 사람은 존재하는 것만으로도 커다란 의미가 있다고 생각해요.

**6** (1) ④

(2) (가)는 돈이 많은 사람과 돈이 적은 사람, (나)는 힘이 센 사람과 약한 사람, 즉 권력 관계로 인해 발생하는 문제를 이야기하고 있어요.

(3) 예 ① 방법: 물질 나눔
실천 계획: 내가 가지고 놀던 장난감이나 책, 옷을 보육원에 기부해요.
② 방법: 환경 나눔
실천 계획: 전기와 물과 같은 에너지를 아껴 쓰고, 일회용품을 쓰지 않고, 산이나 바다에 쓰레기를 함부로 버리지 않아요.
③ 방법: 재능 나눔
실천 계획: 내가 가진 특별한 재능으로 다른 사람을 도와줘요. 예를 들어, 오래된 마을 벽에 그림을 그리는 것이 있어요.

## 생각 열매를 맺어요                20

**1** (1) 미라는 사람이나 동물의 시체가 썩지 않은 채로 현재까지 보존된 것으로, 우연히 만들어진 천연 미라와 인공 미라가 있어요. 미라는 사람이 죽은 뒤 다음 세상이 있다고 믿었던 문화권에서 흔히 발견되는데, 최초로 미라를 만든 곳은 기원전 5,000년경의 칠레 친초로이나 고대 이집트의 미라예요.

(2) 예 ① 피터 팬
② 웬디는 부모님과 두 남동생 존, 마이클과 함께 행복하게 살고 있어요. 어느 날 밤, 웬디의 창가로 피터 팬이 날아오고, 웬디와 두 남동생은 피터 팬을 따라 네버랜드로 여행을 떠나게 돼요. 그곳에서 새로운 친구들과 함께 행복한 생활을 하던 웬디와 두 남동생은 후크라는 악당 선장이 매번 피터 팬을 괴롭힌다는 사실을 알고는 피터 팬을 돕기로 해요.
한편, 피터 팬과 싸우다가 왼쪽 팔을 잃은 악당 후크 선장은 복수의 기회를 엿보던 중 피터와 웬디의 사이를 질투하는 팅커벨을 꾀어 피터의 본거지를 알아내 웬디와 피터 일행을 배로 데리고 가요. 그러고는 자기의 부하가 되지 않으면 모두 죽이겠다고 협박해요. 하지만 아이들은 이를 거부하고 해적들과 용감하게 싸우고 모두 물리쳐요. 그런 다음 피터 팬은 웬디와 두 남동생을 다시 집으로 데려다 주지요.

③ 영원한 삶을 사는 피터 팬의 모습은 매일 즐거워 보여요. 어른이 되지 않으니까 매일 신나게 놀 수 있어요. 하지만 네버랜드에 살면 부모님과 친구들을 만날 수 없어요. 그래서 행복하지 않을 것 같아요. 네버랜드로 한 번 여행은 가고 싶지만 그곳에 계속 살고 싶지는 않아요.

**2** (1) ③

(2) 예 전쟁은 죄 없는 많은 사람들을 죽이고, 사회 기반 시설을 파괴해요. 전쟁이 끝난 후 다시 복구하기까지는 많은 시간과 노력이 필요해요. 때문에 국가와 국가 간의 갈등으로 전쟁이 일어난다면 그것만큼 현명하지 못한 선택은 없다고 생각해요. 무엇보다 정의로움이라는 속성은 인간 존엄, 자유, 평화 등을 포함하고 있으므로, 정의로운 전쟁은 있을 수 없다고 생각해요.

(3) 예 《안네의 일기》를 읽고, 제2차 세계 대전 당시 독일이 유태인을 억압하고 학살한 사실을 알게 되었어요. 안네가 살기 위해 좁은 다락방에서 숨어 지냈던 것을 보면서 내게 주어진 자유가 얼마나 소중한 것인지 느낄 수 있었어요. 그 어떤 이유로도 전쟁은 일어나서는 안 된다고 생각해요.

**3** 예 주인공 1: 미르

주인공 2: 가온

가온이는 일등칸 사람들이 식사를 하는 식당 칸에서 일할 기회를 얻었어요. 가온이는 음식을 전달하는 과정에서, 일등칸 사람과 부딪쳤어요. 일등칸 사람은 크게 화를 내고, 가온이는 다툼 끝에 일등칸 사람을 인질로 잡고 식당 칸에 있는 사람을 위협했어요.

가온: 지금 당장 지도자가 있는 곳으로 안내하라. 아니면 이 사람의 목숨은 없는 거야.

일등칸 사람: 지도자가 있는 곳은 아무나 들어갈 수 없어요. 우리도 함부로 들어갈 수 없다고요.

가온: 여기 지도자가 있는 곳에 갈 수 있는 사람이 한 명쯤은 있을 것 아니냐?

미르: 제가 인질이 되어 지도자가 있는 곳으로 안내할 테니, 그 사람은 그만 풀어 주세요.

가온은 미르를 인질로 잡고 지도자가 있는 곳으로 이동했어요.

미르: 당신에게 할 말이 있어요. 일등칸 사람들도 잘 모르는 정보예요. 사실 우리에겐 지도자가 없어요. 지도자는 AI 지능을 탑재한 기차 자체라고요.

가온: 이럴 수가. 그렇다면 꼬리 칸 사람들은 계속 이렇게 지내야 한단 말이오?

미르: 모두 함께 살 수 있는 방법이 있을 거예요.

가온과 미르는 힘을 합쳐 기차를 멈춰 보기로 했어요.

 **생각 농부, 나도 철학자!** 26

**1** 예 입학식

① 가족

② 2013년 3월 4일

③ 상수리 초등학교

④ 입학식을

⑤ 했습니다.

⑥ 학교에 다닐 나이가 되었기 때문이에요.

**2**

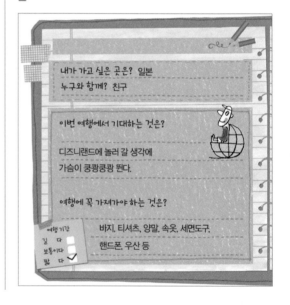

# 감정이란 무엇일까요? 29

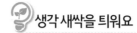 ## 생각 씨앗을 심어요 30

**1** ① **예** 부모님께서 나를 걱정하실 때, 부모님이 나를 꼭 안아줄 때 그렇게 느껴요.

② **예** 아니오를 선택한 경우, 난 형제자매를 질투하지 않아요. 그들을 사랑하니까요.
예를 선택한 경우, 내게 없는 것을 형제자매가 가지고 있을 때 질투를 느껴요.

③ **예** 사랑하는 사람도 나를 힘들게 할 때가 있어요. 그럴 때 나를 지키고 보호하려고 싸워요.

④ **예** 사랑은 우리에게 행복을 가져다 주기 때문에 좋은 일이에요.

⑤ **예** 혼자 있기를 선택한 경우, 난 혼자 있는 게 더 좋아요. 평온하게 있고 싶으니까요.
친구와 놀기를 선택한 경우, 난 친구들을 좋아하니까 함께 있는 게 좋아요.

⑥ **예** 아니오를 선택한 경우, 난 친구들 앞에서 말하는 게 재미있어요. 광대처럼 웃길 수도 있으니까요.
예를 선택한 경우, 난 친구들 앞에서 말하는 게 두려워요. 사람들이 나를 쳐다보면 몸이 움츠러들어요.

**2** 즐거움, 슬픔, 분노, 행복 등 다양한 감정을 표현하며 자유롭게 그려 보세요.

## 생각 새싹을 티워요 32

**1** (1) **예** ① 포옹
② 엄마의 사랑이 온몸으로 전해져요.
③ 따뜻한 난로가 내 앞에 있는 느낌이에요. 온몸이 따뜻하게 느껴져요.

(2) **예** ① 공주
② 엄마, 아빠가 날 공주처럼 예쁘게 생각하는 게 느껴져요.
③ 내가 공주면 우리 아빠는 왕이고 엄마는 왕비니까. 세상에 무서울 게 하나도 없어요.

**2** (1) **예** 자식을 위해 자신의 심장을 내어 준 것도 모자라 혹여나 아들이 다쳤을까 봐 걱정하는 어머니의 모습을 보니 슬픈 마음이 들어요. 자식을 향한 부모의 사랑은 끝도 없지만, 어머니를 사랑할 줄 모르는 아들은 참 어리석어 보여요.

(2) **예** 소풍날 입고 싶었던 옷을 엄마가 세탁하는 바람에, 아침부터 엄마에게 화를 낸 적이 있어요. 엄마는 내 짜증을 다 받아 주면서 내가 배고플까 봐 아침을 챙겨 주셨어요.

**3** (1) **예** 동생과 늘 함께 있기 때문에 서로 소중한 걸 모를 수도 있어요. 만약 형제자매가 없다면 무척 외로울 거예요. 동생은 형과 같이 놀고 싶은 마음에 곁을 맴도는 걸 거예요. 동생과 놀이터에서 신나게 놀거나 집 안에서 보드 게임을 하면 어떨까요? 함께 놀다 보면 화가 났던 마음도 조금은 누그러질 거예요.

(2) **예** 전래 동화 〈금 구슬을 버린 형제〉에서 형제는 매우 사이가 좋았어요. 어느 날 잔칫집에 가다가 우연히 금 구슬 2개를 주웠어요. 형제는 옥신각신하다가 서로 하나씩 나눠 가졌어요. 하지만 마음속으로는 상대방이 가진 금 구슬을 탐냈어요. 금 구슬이 생긴 이후 형제는 농사일은 거들떠보지도 않았고, 집안은 엉망이 되었어요. 그제야

형제는 자신들 잘못을 깨닫고 금 구슬을 강 한가운데 던졌어요. 그러고는 예전처럼 서로를 챙기는 의좋은 형제가 되었답니다.

(3) **예** 형제는 금이라는 물질 앞에서 서로를 생각하던 마음을 잃어버릴 뻔했어요. 실제로도 돈 문제로 싸우는 형제자매가 많이 있어요. 내가 먼저 가진 걸 동생에게 나눠 주는 건 어떨까요? 분명 동생도 형에게 자신이 아끼는 걸 나눠 줄 거예요.

**4** 자신의 감정 그래프를 그려 보세요.

\* 누구나 감정이 있고 감정이 수시로 변하는 것은 당연한 일이에요. 하지만 나의 감정 때문에 주변 사람들이 힘들어 한다면 바꾸려는 노력이 필요해요.

**5** **예** (1) 이소미

(2) 내 이야기를 잘 들어줘요. 좋아하는 게 비슷해요.

(3) 남의 이야기를 귀 기울여 들어주고, 어려운 일이 있을 때 자기 일처럼 잘 도와줘요.

(4) 자신의 이야기를 잘 하지 않기 때문에, 소미의 감정을 알기가 어려워요.

(5) 소미네 집 형편이 어려워져서 이사를 가게 되었어요. 그런데 아무런 얘기를 해 주지 않았어요. 다른 친구한테 소미가 이사 간 걸 전해 듣고는 무척 화가 났어요. 하지만 소미가 내가 걱정할까 봐 얘기를 안 했다는 걸 알고 곧 화해했어요.

**6** (1) **예** 나공주

(2) **예** 김한솔

(3) **예** 나도 한솔이처럼 처음 만난 친구들과 스스럼없이 얘기하지 못해요. 친구들이 뭔가를 질문하면 얼굴이 빨간 토마토처럼 변해요. 새로운 친구들과 잘 지내기 위해서, 친구들이 좋아할 만한 게임에 관한 이야기를 나눠 보았어요. 차츰 그렇게 이야기를 나누다 보니, 친구들과 대화하는 게 어색하지 않았어요. 지금은 처음 본 친구들과도 잘 얘기해요.

(4) 나공주는 누구와도 스스럼없이 잘 지내는 성격이지만 친구들과 싸우기도 많이 하고, 다른 사람의 이야기를 잘 듣지 않는 단점이 있어요. 또 다른 친구의 발표를 지루해하고 자신만 돋보이려고 하네요. 나공주는 다른 사람의 이야기에 귀를 기울이고, 친구들을 배려하는 마음을 가질 필요가 있어요.

**1**

**2** (1) **예** 동요 〈파란 마음 하얀 마음〉의 가사를 바꿨습니다.

친구가 힘들어 하고 있다면

마음이 시켜서 도울 거예요

나도 너도 우리가 함께 도우면

마음속 가득히 행복이 넘쳐

행복한 마음을 나눌 거예요

(2) 억지로 하는 일이 줄어들 것 같아요.

**3** (1) 상대가 나와 똑같은 마음이길 바랐어요.

(2) **예** 사랑이란, 달콤한 초콜릿처럼 행복한 것이에요.

**4**

| 행복해 | 화가 나 | 짜증 나 | 신나 |
|---|---|---|---|
| 슬퍼 | 무서워 | 시원해 | 창피해 |
| 기분이 너무 좋아 | 답답해 | 고마워 | |

**5** **예** 유명한 음악가가 나를 위해 연주해 줘서 너무 기뻤어요. 피아노 선율이 내 가슴속에서 퐁당퐁당 뛰었어요.

**6** (1) 어떤 사람을 떠올릴 때 빙그레 미소가 지어지면 좋아하는 거고, 마음속에서부터 싸한 느낌이 차오르면서 가슴이 두근두근하면 사랑하는 거예요. 사람은 마치 마술 같아요.

(2) 로미오와 줄리엣은 비극적인 사랑을 했어요. 이처럼 부모의 반대를 무릅쓰고 사랑을 하는 사람들이 있어요. 둘은 행복하지만 주변 사람들을 불행하게 한다면 그런 사랑은 아름다운 사랑은 아니라고 생각해요.

(3) 자유롭게 써 보세요.

**1** ① 7월 7일

② 7이라는 숫자가 좋아서

③ 하트 데이

④ 사랑하면 하트가 생각나니까요. 행운의 숫자가 연달아 나오는 날을 기념하려고요.

⑤ 짝꿍에게

⑥ 함께 놀이동산에 가요.

⑦ 놀이동산에서 놀다 보면 더 친해질 것 같아요.

**2** 나의 상태를 알아보고, 결과 보기를 통해 진단해 보세요.

\* '분노 조절 장애'는 말 그대로 화가 나는 감정, 분노를 스스로 다스리지 못해 상대방이나 스스로에게 격한 행동을 하는 것을 말해요.

 **생각 씨앗을 심어요** 50

**1**

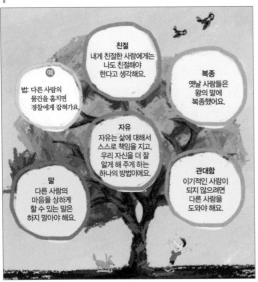

**2** (1) 흥부

(2) 형이 재산을 모두 빼앗아도 화를 내지 않았고, 형수에게 부탁을 하러 갔을 때 주걱으로 얼굴을 맞았지만 화를 내지 않았어요. 또 아픈 제비의 다리를 치료해 주었어요.

(3) 놀부

(4) 가난한 동생을 도와주기는커녕 구박하고 귀찮게 생각했어요. 또 동생이 제비 다리를 치료하고 부자가 되자, 욕심에 눈이 멀어 일부러 제비의 다리를 부러뜨렸어요.

(5) 권선징악

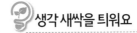 

**1** (1) ① 비교가 되는 두 대상이 서로 같지 않을 때를 말해요.
② 셈이나 사실 따위가 그르게 되거나 어긋난 것을 말해요.

(2) ① 너와 나는 생각이 달라.
② 너의 계산은 틀렸어.

＊'다르다'는 '서로 같지 않다'는 뜻으로 단순한 차이를 의미하지만, '틀리다'는 '그릇되거나 잘못되다'는 뜻으로 반대말은 '맞다', '옳다'예요.

**2** **예** ⓐ 지민이는 봉사 활동 점수와 상장 때문에 봉사 활동을 하고 있지만 자기 시간을 내어 봉사를 하고 있어요. 그러니까 착하다고 할 수 있어요. 그에 비해 임도훈 씨는 다른 사람을 속이며 생활하고 있어요. 자식을 아끼고 사랑한다고 해서 착한 사람이라고 할 수는 없어요.
ⓑ 임도훈 씨는 많은 사람들을 속이며 피해를 입혔을지도 몰라요. 하지만 자신의 자식에게는 끔찍한 사람이에요. 임준수 군의 입장에서는 아빠가 세상에서 가장 착한 사람이에요. '착하다'는 누구의 관점에서 바라보느냐에 따라 달라질 수 있다고 생각해요.
ⓒ 박지민 군의 경우에는 진정한 마음으로 양로원에서 봉사 활동을 하는 것이 아니기 때문에 착한 사람이라고 할 수 없어요. 임도훈 씨의 경우에는 다른 사람에게 물질적, 정신적 피해를 입혔기 때문에 착한 사람이라고 할 수 없어요.

**3** 모든 것에는 좋은 점과 나쁜 점이 있다고 생각해요. 독이 든 가지를 잘라 버리자 오래된 나무가 죽은 것처럼, 선과 악은 동전의 양면처럼 늘 같이 있어서 떼려야 뗄 수 없는 것 같아요. 다만 살면서 좋은 점을 지키려고 노력하는 것이 중요해요.

**4** (1) 아무리 동기가 좋아도 결과가 나쁘면 좋다고 할 수 없어요. 마찬가지로 동기가 나쁘면 칭찬할 수 없어요.

(2) 엄마를 도와드리려고 거실 청소를 했어요. 그런데 청소기를 밀다가 엄마가 아끼는 도자기를 깨뜨렸어요.

**5** (1) ⓐ 절대 반지만 있으면 사람들 눈에 내가 보이지 않기 때문에 내 마음대로 할 수 있어요.

ⓑ 투명 인간이 되면 왠지 나쁜 짓을 많이 할 것 같아요. 그래서 갖고 싶지 않아요.

(2) 교무실에서 시험 문제의 정답을 찾고 싶어요. 그럼 공부하지 않고도 100점을 맞을 수 있잖아요.

**6** (1) 친구가 새로 산 옷이 잘 어울리지 않았는데, 친구가 속상해할까 봐 잘 어울린다고 거짓말한 적이 있어요.

(2) 저희 아빠는 저를 보고 김태희보다 예쁘다고 말하거든요. 누가 봐도 연예인인 김태희 언니가 예뻐요. 하얀 거짓말이지만 전혀 기분 나쁘지 않아요.

(3) ⓐ 하얀 거짓말은 씩 웃고 지나갈 수 있는 악의 없는 거짓말이에요. 친구가 새로 산 옷이나 구두를 보고 예쁘냐고 물었을 때, 잘 어울리지 않아도 예쁘다고 말해 주는 게 좋아요. 이때는 상대를 배려해서 하는 거짓말이기 때문에 해도 된다고 생각해요.

ⓑ 하얀 거짓말이라도 거짓말은 나쁜 거예요. 하얀 거짓말이라도 자꾸 하게 되면 거짓말쟁이가 될 수 있어요.

**7** ① 아는 척하면 나도 맞을 수 있기 때문이에요.

② 경찰이 오면 문제가 빨리 해결돼요. 법으로 보호받을 수 있어요.

③ 지금 당장 친구를 구하기 위해서는 맞서 싸워야 해요.

④ 선생님이 오시면 문제가 빨리 해결돼요. 힘센 친구가 다시는 제 친구를 괴롭히지 못하도록 해요.

⑤ 혼자 힘센 친구와 맞서면 질 수도 있지만 친구들과 함께 싸우면 맞고 있는 친구를 구할 수 있어요.

**8** 예 은유가 굼벵이처럼 느리긴 해도 착하잖아. 친구를 따돌리는 건 좋지 않은 것 같아.

**9** ① 친구가 아픈데 거짓말할 리가 없기 때문에 믿어요.

② 현수가 아픈 것은 큰일이므로 주변 친구들에게도 알려야 한다고 생각해요.

③ 현수가 많이 아픈지 궁금하기 때문에 직접 현수에게 전화를 걸어 확인해요.

④ 현수가 아프다는 사실을 과장해서 다른 친구들에게 알려요.

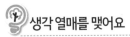 

**1** (1) (가), 맹자의 성선설은 사람들이 태어날 때부터 착한 마음을 가지고 있다는 생각이에요. 맹자는 인간이 동물과 다른 이유가 바로 도덕이라고 생각했어요. 아이가 우물에 빠지려 할 때 사람들은 누구나 그 아이에 대해 측은한 마음을 품고 구해 주려고 할 거예요. 맹자는 이 선한 본성이 인간에게 선천적으로 갖추어져 있다고 보았어요.

(2) (나), 순자의 성악설은 인간은 누구나 이기적인 욕망을 지니고 태어나기 때문에 그대로 내버려 두면, 서로 싸우고 남의 것을 빼앗고 자신의 욕망을 절제하지 못하여 혼란스럽게 된다는 것이에요. 따라서 이러한 인간의 악한 본성을 억제하기 위해서는 각자 노력하여 예나 규범을 배우고 따라야 한다고 주장했어요.

(다), 홉스는 인간은 본질적으로 이기적이고, 자기 생명을 보호하기 위해서라면 어떤 일도 할 준비가 되어 있다고 생각했어요. 자연 상태에서 인간은 만인에 대한 만인의 투쟁 상태로 살아갈 수밖에 없고, 폭력적 죽음의 공포를 지속적으로 안고 살아가야만 하는 존재라고 했어요.

(3) (라), 고자는 "사람의 본성은 본래 선도 아니고 악도 아니며, 다만 교육하기 나름으로 그 어느 것으로도 될 수 있다."고 주장했어요. 고자는 인간의 본성은 결정되어 있지 않다고 생각했으며, 인간의 본성에 선과 불선의 구분이 없는 것은 마치 물의 흐름에 동서가 없는 것과 같다고 여겼어요. 인간은 태어나면서 생존과 생식이라는 두 가지 본질적 욕망을 가지고 있으며, 인간이 타고난 그대로가 바로 본성이라고 생각해요.

(마) 로크는 인간의 정신은 아무것도 그려져 있지 않다는 '백지설'을 주장했어요. 인간의 몸과 마음은 백지와 같은 상태로 태어나서 주변 환경과의 상호 작용이 교육 작용 등을 통해 빈 종이를 채워가면서 성숙한 인간이 된다고 생각했어요.

(4) **예** (가), 맹자의 선성설에 동의해요. 사람은 누구나 다른 사람의 불행과 고통을 그대로 보아 넘기지 못하는 마음이 있어요. 사람은 누군가 어려운 처지에 있으면 도우려고 할 것이고, 이것이 인간의 본성이라고 생각해요.

**2** (1) ①, 윤리학적 이기주의는 각 개인은 자신의 이익만을 절대적으로 추구해야 한다는 사상이에요. 윤리학적 이기주의를 주장한 철학자는 에피쿠러스, 홉즈, 니체 등이 있어요.

(2) ②, 공리주의는 어떤 행위나 원칙이 관련 당사자 전체에게 최대한의 효용이나 행복을 가져온다면 그 행위나 원칙의 도덕적 타당성이 인정된다는 사상이에요. 공리주의를 주장한 철학자는 벤담, 밀 등이 있어요.

(3) 10명을 살릴 수 있다고 해서 1명을 죽여야 한다면 안 된다고 생각해요. 한 사람의 생명도 가치가 있기 때문이에요.

**3** ㉠ 무거운 짐을 들고 있는 할머니를 도와드렸어.
㉡ 횡단보도에서는 파란불이 켜지면 건널 거야.
㉢ 급한 마음에 버스 정류장에서 줄을 서지 않고 새치기를 했어.
㉣ 기분이 좋지 않아 친구를 때렸어.

**4** (1) 장발장은 주교의 호의에 감사하며 사회에 대한 복수심을 버려요. 이후 장발장은 파리 북쪽의 조그마한 도시에서 마들렌이란 이름으로 구슬 공장을 운영하며 많은

선행을 베풀며 살아가지요. 그리고 마차에 깔린 포슈르방 노인을 구한 일을 계기로 시장이 됩니다.

(2) 주교의 호의가 없었다면 장발장은 다시 감옥에 갇히고, 이 세상을 증오했을 거예요. 다른 사람에게 호의를 베풀면 그것은 결국 다시 나에게 돌아오고 따뜻한 사회가 되지요.

(3) 주교는 도둑질을 한 장발장의 사정을 헤아려 경찰에게 거짓말을 했어요. 장발장은 주교의 도움으로 새 사람이 되었지요. 우리 주위에도 가난한 환경 때문에 도움을 필요로 하는 사람이 많아요. 내가 가진 장난감, 책, 옷 등의 물질을 필요한 사람에게 나눈다면 서로에게 기쁨을 주게 될 거예요.

 **생각 농부, 나도 철학자!** 66

**1** (1) 남의 것을 훔치는 것은 나쁜 행동이에요. 하지만 전쟁 이후 국가가 국민들을 돌보지 못한 상황 속에서 사람들은 살아남기 위해 남의 것인 줄 알면서도 석탄을 훔쳤어요. 훔치는 일은 나쁜 행동이지만 기차가 지나가면서 떨어뜨리고 간 석탄을 주워 모은 것은 예외적으로 허용될 수 있다는 뜻이에요.

(2) 남의 것을 훔치는 것은 나쁜 행동이에요. 먹고살기 위해 한 행동이라도 다른 사람의 것을 훔쳐 이익을 본다면 그것은 잘못된 행동이기 때문이에요.

**2** 소미에게
소미야, 거짓말은 나쁜 거야. 거짓말을 자꾸 하면 아무도 너의 얘기를 믿지 않고 함께 놀지 않으려고 할 거야.

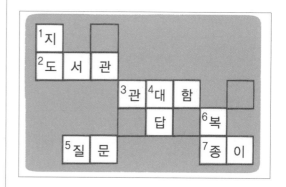

**안다는 것은 무엇일까요?** 69

 **생각 씨앗을 심어요** 70

**1** 예 ① 밤하늘을 보면 우주를 상상할 수 있어요.
② 곰곰이 생각하면 문제를 해결할 수 있어요.
③ 신이 아닌 이상 모든 것을 안다는 것은 있을 수 없고 그럴 필요도 없어요.
④ 학교에 가는 것이 좋지만, 특별한 경우에는 집에서 혼자 공부할 수 있어요.
⑤ 우리 머릿속에 오래도록 머무는 생각은 생각한 사람의 것이에요.
⑥ 모든 것을 경험할 수 없기 때문에 상상이 필요해요.

**2**

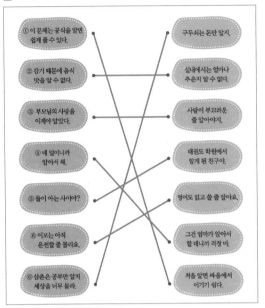

* '알다'라는 단어는 아래와 같이 여러 가지 뜻으로 쓰입니다.

① 교육이나 경험, 사고 행위를 통하여 사물이나 상황에 대한 정보나 지식을 갖춘 것을 말해요.

㉠ 이 문제는 공식을 알면 쉽게 풀 수 있다. / 적을 알면 싸움에서 이기기 쉽다.

② 어떤 사실이나 존재, 상태에 대해 의식이나 감각으로 깨닫거나 느끼는 것을 말해요.

㉠ 감기 때문에 음식 맛을 알 수 없다. / 실내에서는 얼마나 추운지 알 수 없다.

③ 심리적 상태를 마음속으로 느끼거나 깨닫는 걸 말해요.

㉠ 부모님의 사랑을 이제야 알았다. / 사람이 부끄러운 줄 알아야지.

④ 사람이 어떤 일을 어떻게 할지 스스로 정하거나 판단하는 것을 말해요.

㉠ 네 일이니까 알아서 해. / 그건 엄마가 알아서 할 테니까 걱정 마.

⑤ 다른 사람과 알고 지내거나 얼굴을 아는 사이를 말해요.

㉠ 둘이 아는 사이야? / 태권도 학원에서 알게 된 친구야.

⑥ 어떤 일을 할 능력이나 소양이 있는 것을 말해요.

㉠ 이모는 아직 운전할 줄 몰라요. / 영어도 읽고 쓸 줄 알아요.

⑦ 어떤 사람이나 사물에 대하여 소중히 생각하는 것을 말해요.

㉠ 삼촌은 공부만 알지 세상을 너무 몰라. / 구두쇠는 돈만 알지.

## 🧠 생각 새싹을 틔워요  72

**1** (1) ①

(2) 백 번 듣는 것이 한 번 보는 것만 못하다는 말이에요.

(3) ㉠ 우주는 너무 광대해서 우리 눈으로 볼 수 없어요. 하지만 오랫동안 학자들이 우주를 연구했기 때문에 우리가 속한 우주에 대해서 알게 되었어요.

**2** (1) ㉠ ㉠ 환경을 보호하기 위해 우리가 할 수 있는 일이 무엇인지 곰곰이 생각해 봤어요.

㉠ ㉡ 엄마가 간식 사 준다고 고르라고 해서 고민이 되었어요. 간식으로 피자를 먹을까 치킨을 먹을까 하고요. 그런데 엄마가 공부할 때 그렇게 고민해 보라고 하는 바람에 무척 부끄러웠어요.

㉠ ㉢ '나는 어떤 사람일까? 어떤 미래를 살게 될까?'라는 고민을 할 때는 도저히 답을 찾을 수 없어서 답답한 생각이 들었어요.

(2) **예** 라이트 형제는 오랜 고민 끝에 수백 번의 시험 비행을 했고, 숱한 실패에도 비행기 발명을 포기하지 않았고, 1903년에 비행기 플라이어 호로 하늘을 나는 데 성공했어요.

3 (1) **예** ⓑ, 우리는 학교에서 공부도 하지만 친구들과 함께 어울려 지내며 사람과 더불어 살아가는 방법도 배우는 거야. 그러니까 학교에 가는 것이 좋아.

ⓒ, 만약 프란츠처럼 다른 나라의 지배를 받게 되면 어떨까? 우리나라도 일제 식민지 시절, 우리말과 우리글을 쓸 수 없었어. 지금 당장은 공부하기 싫을 수도 있지만 커서 어른이 되면 공부를 하고 싶어도 시간이 없어서 하지 못할 수도 있어.

(2) **예** ⓑ, 학교에 다니지 않고도 성공한 사람들이 있어. 하지만 내게 맞는 직업을 선택하는 것은 쉬운 일이 아니야. 학교에서는 다양한 지식을 공부하며 내가 가장 잘하고, 좋아하는 것을 발견할 수 있어. 또한 성공하기 위해서는 사회에서 통용되는 기본적인 예절과 지식이 필요해. 그렇기 때문에 학교는 가야 한다고 생각해.

ⓒ, 제대로 된 지식을 갖추고 있지 않다면 성공하기 힘들 것 같아. 만약 외국인 회사와 거래를 한다고 생각하면 외국어뿐만 아니라 그 나라 문화에 대해 잘 알아야 대화를 순조롭게 풀어 나갈 수 있어. 혼자서도 외국어와 문화 상식을 공부할 수 있지만 혼자서 모든 지식을 배우기에는 어려움이 있을 것 같아. 배울 수 있을 때 배워야만 성공도 할 수 있는 거야.

4 (1) **예** 첫 번째로는 (① 책)에서.
그렇게 생각한 이유는, 책이 없었다면 세상이 지금처럼 발달하지 않았을 거예요. 책에는 세상의 모든 지식과 정보가 담겨 있어요.

(2) **예** 두 번째로는 (③ 학교)에서.
그렇게 생각하는 이유는, 학교에서는 국어, 수학, 사회, 과학, 도덕 등 꼭 알아야 할 다양한 지식들을 체계적으로 배울 수 있어요.

(3) 《별에 미친 과학자, 장영실》이라는 책을 읽고, 어려운 환경에서도 과학자가 된 장영실의 삶을 알게 되었어요. 장영실은 사람들이 겪는 작은 불편함과 어려움을 해결하기 위해 끊임없이 발명품을 만들었어요. 그가 만든 발명품 중 해시계, 물시계는 사람들에게 시간을 알려 준 소중한 발명품이었어요.

5 (1) 미소는 조금이라고 얘기했지만 '조금'의 양이 어느 정도인지 합의되지 않았기 때문이에요. 서로 '조금'의 양이 어느 정도인지 정확하게 알고 있었다면 이런 문제가 생기지 않았을 거예요.

(2) 실험은 수치를 정확하게 해야 해요. 어림잡아 실험을 하게 된다면 정확한 수치를 알 수 없고, 실험이 잘못되어 화재나 사고가 일어날 수 있어요.

자들의 실험처럼 뚜렷하게 결과로 나타나지 않는 경우도 있기 때문에 많은 사람들은 철학자들이 현실 감각이 없다고 생각해요. 하지만 탈레스의 사례에서처럼 철학자들은 깊은 생각을 통해 많은 문제들을 해결해요.

**3** (1) ②

(2)
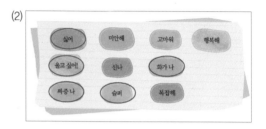

**4** **예** (1) ⓐ 지혜는 사물의 이치를 빨리 깨닫고 문제를 처리하는 것을 말해요. 지식은 어떤 대상에 대하여 배워서 알고 있는 것을 말해요.

(2) ⓐ 나이가 많을수록 경험하는 것과 배우는 것이 많아져요. 그만큼 세상에 대한 이치를 많이 알게 되기 때문에 나이가 많을수록 지혜로워진다고 생각해요.

ⓑ 나이가 많다고 해서 꼭 지혜로운 것은 아니라고 생각해요. 나이가 많은 어른들 중에는 자기가 알고 있는 것만 옳다고 우기는 사람이 있어요. 다른 사람의 의견을 받아들이지 않으면 지혜로울 수 없어요.

(3) ⓐ 나이가 많을수록 많은 것을 배워요. 예를 들어, 초등학교 때 배운 지식의 양과 고등학교 때 배운 지식의 양은 달라요. 따라서 나이가 많아질수록 지식이 쌓인다고 생각해요.

ⓑ 나이가 많다고 지식이 쌓이는 것은 아니라고 생각해요. 예를 들어, 나이가 어려도 책을 많이 읽은 사람과 나이가 많아도 책을 보지 않은 사람의 지식의 양은 다르다고 생각해요. 그러니까 지식은 얼만큼 많은 양을 습득하고 기억하느냐에 따라 다르다고 생각해요.

(4) ⓐ 아는 게 많다면 세상 문제를 해결할 때 가지고 있는 지식으로 해결할 수 있어요. 예를 들어, 법에 대해 많이

**6** **예** (1) ① 몸이 으슬으슬 추울 때 레몬차나 생강차를 마시면 몸이 따뜻해지고 감기 예방에 좋아요.

② 맛있는 음식을 만들기 위해서는 요리 레시피를 보고 따라 해야만 맛있는 음식을 만들 수 있어요.

(2) 일기 예보에서 봄이 왔다고 해서, 겨울 코트 대신 얇은 점퍼를 입고 밖으로 나갔다가 감기에 걸렸어요.

(3) **예** 바다에 밀물과 썰물이 생기는 이유는 달의 인력 때문이에요. 철학자들은 자연 현상이 생기는 이유를 찾아내어 인간의 삶에 도움을 주려고 노력했어요.

## 🔍 생각 열매를 맺어요　　　　　80

**1** **예** (1) 국어, 수학, 사회, 음악, 체육

(2) 음악, 국어, 체육, 사회, 수학

(3) 수학을 너무너무 싫어해요. 수학을 좋아하기 위해서는 우선 사칙 연산(덧셈, 뺄셈, 곱셈, 나눗셈)을 잘해야 해요. 그러기 위해서는 매일매일 수학 문제집을 열심히 풀어야 해요.

**2** 철학자들은 매일 곰곰이 생각해요. 철학자들의 고민은 언뜻 쓸데없어 보이기도 해요. 철학자들의 고민은 과학

알고 있는 변호사라면 다툼이 있을 때 법적인 문제를 지혜롭게 해결할 수 있어요.

ⓑ 아는 게 많다고 지혜로운 것은 아니에요. 알고 있는 지식으로 옳고 그름을 잘 판단할 수는 있지만 꼭 그것이 지혜로운 판단이라고 단정지을 수는 없기 때문이에요.

(5) ⓐ 발명가는 세상에 없는 것을 만드는 사람이에요. 상상한 것을 현실화시키는 능력이 뛰어난 사람이지요. 예술가 또한 상상으로 우리가 느끼지 못하는 것들을 음악, 미술, 건축, 문학으로 멋지게 만들어 내요.
ⓑ 상상력이 풍부하면 좋겠지만 지식도 필요해요. 기본적인 지식 없이 새로운 것을 만들 수 없기 때문이에요.

(6) ⓐ 지식이 없다면 새로운 것을 아는 데 시간이 걸려요.
ⓑ 지식이 없어도 경험으로 알고 있는 것을 통해 깨달을 수 있어요.

## 생각 농부, 나도 철학자! 86

1 예 미래 사회에는 바다 위에 집을 짓고, 땅속에도 집을 짓고 살 것 같아요. 우주 여행도 자유롭게 할 수 있을 것 같아요.
그림은 자유롭게 상상하면서 그려 보세요.

2 예 (③+㉮) 소민이는 무엇이든 척척 만드는 발명가가 되었어요. 매일 많은 사람들이 소민이네 작업실로 찾아왔어요. 어느 날, 돈 많은 부자가 나타나 사진 한 장을 건네며, 똑같은 얼굴을 한 로봇을 만들어 달라고 했어요. 사진 속 아이는 매우 뚱뚱했고 창백한 얼굴을 하고 있었어요. 소민이는 며칠 밤낮을 고민하여 사진 속 아이와 똑같은 로봇을 만들었어요. 소민이가 만든 로봇은 뚱뚱해서 자유롭게 움직일 수 없었어요. 돈 많은 부자는 로봇을 보고 눈물을 흘렸어요. 소민이가 만든 로봇이 죽은 딸의 모습과 똑같기 때문이에요. 부자의 딸은 병에 걸려 뚱뚱해

졌고, 결국 죽고 말았어요. 부자는 너무 바빠서 딸을 돌볼 수 없었어요.
"지금 이 세상에 딸이 없지만 이 로봇을 보며 딸을 생각하려고 합니다. 로봇을 만들어 주셔서 감사합니다."
부자는 소민이에게 몇 번이고 고맙다고 말했어요.

## 다른 그림 찾기 88

## 폭력이란 무엇일까요?  89

### 생각 씨앗을 심어요 90

1 예 동생만 예뻐하고 나에게 무관심할 때 화가 나요. 억울한 일을 겪을 때 화가 나고 거친 행동을 해요. 장난감 못 살 때 속상해요. 내 물건 빼앗길 때 화가 나요. 엄마가 화낼 때 짜증 나요. 친구가 놀릴 때 거칠어져요.

2 예 자기반성, 성냄, 부드러움, 행복감, 간식, 아이돌, 학원 시험, 게임, 놀기, 심심해 등

3 예 ① 즐거움 ② 만족감 ③ 부드러움 ④ 분노 등 자신의 다양한 감정 순위를 적어 보아요.

**1** (1) ① 교만한 마음에서 남을 낮게 여기고 하찮게 행동하는 것을 말해요.

② 울음, 눈물, 웃음, 충동 등의 감정을 누르고 다스리는 것을 말해요.

(2) ① 반장은 내가 공부를 못한다고 업신여겼어요.

② 수업 시간에 웃음을 억지로 참았어요. 졸음을 참고 책을 봤어요.

**2** (1) 공정한 게임을 하기 위해 만들었어요. 싸우지 않고 재미있게 게임을 하려고 만들었어요.

(2) 벌칙이 나오면 짜증을 내고 화를 내요. 주사위가 3이 나왔는데도 4가 나왔다고 거짓말을 하거나, 자기가 지면는 화난다고 보드게임을 중단할 수 있어요. 그래서 게임이 재미 없어져요.

**3** (1) 엄마가 안 깨워서 학교에 지각하게 되니까 화가 났어요. 또 준비물을 챙겨 가지 않으면 친구들이 놀리니까 짜증 났어요.

(2) 엄마도 출근해야 하는데 성희 스스로 준비물을 챙기지 않고 짜증 내서 회사에 지각하게 되었어요. 더구나 팀장님한테 안 좋은 소리를 들어서 기분이 엉망이 되었어요.

(3) 나도 엄마에게 화를 낼 것 같아요. 그렇지만 엄마에게 미안해할 것 같아요. 늦게 깨운 엄마에게 짜증을 내겠지만 내 할 일이니까 스스로 준비해야지요. 사실 늦게 일어난 것은 저 자신이니까요.

(4) **예** 엄마가 사 주기로 약속한 것을 사 주지 않고, 약속을 지키지 않을 때예요. 동생이 아끼는 물건을 함부로 사용해서 엉망진창이 됐을 때예요.

**4** (1) 엄마가 언니 말은 다 들어주면서 내 말은 안 들어줘서 문을 꽝 닫고 들어간 거예요.

(2) **예** 싫어, 꺼져, 저리 가, 엄마 미워! 나빠!

(3) **예** 기분이 별로 좋지 않아요. 그렇게 하면 짜증 낸 자신이 싫어져요. 그래서 더 화를 내기도 해요.

(4) **예** 성희 : 엄마, 준비물은 제가 챙길 테니 엄마도 빨리 출근 준비하세요. 다음에는 늦잠 자면 깨워 주세요.

**예** 수영 : 가방을 사달라고 억지 부려서 죄송해요. 엄마가

언니만 좋아하는 것 같아 화가 났어요. 엄마, 우리 딸기 같이 먹어요.

5 (1) ③ 내기를 할지 안 할지 곰곰이 생각하면서 평정심을 갖는다.

(2) 강하게 바람을 일으키는 게 아니라, 부드럽고 따뜻함으로 내기에서 이겼어요.

(3) 예 바람아 네가 있기에 꽃씨들이 날아가 꽃을 피우고, 빨래도 잘 마른단다. 여름에는 네가 있어서 시원해. 나도 햇빛을 비춰서 꽃을 잘 자라게 하고 빨래도 잘 마르게 한단다. 우리는 서로 다르지만 둘 다 장점이 있고, 소중하다고 생각해. 서로 다름을 인정하면서 사이좋게 지내자.

생각 열매를 맺어요      100

1 (1) 예 폭력적인 게임을 좋아하고, 많이 하고 있는 자신을 볼 때 그래요. 가끔 거칠고 나쁜 말을 사용하는 자신을 보면 폭력적이라고 생각해요. 작은 벌레를 밟아 버리는 자신을 볼 때도 거칠고 폭력적이라고 생각해요.

(2) 예 엄마가 동생을 더 사랑하는 것 같고 동생을 챙겨 주면 화가 나고 속상해요. 그리고 동생이 내 장난감을 망가트릴 때 화가 나요. 동생을 한 대 때렸더니, 동생이 더 세게 나를 때렸어요. 이럴 때는 화가 나서 거칠어지곤 해요.

(3) 예 학교에서 친구들이 별명을 부르며 놀릴 때 화가 나요. 학원에서 친구들과 장난치다가 친구가 내 물건을 망가트렸을 때에 화가 나요.

2 희철아, 너에겐 도마뱀이 징그럽겠지만 난 도마뱀이 좋아, 왜냐하면 내 꿈은 파충류 학자가 되는 거야. 도마뱀은 내 꿈을 키우게 해 주는 좋은 친구란다.

3 강아지도 생명이기 때문에 함부로 때리지 말라고 말해요. 그리고 한 번 때리기 시작하면 습관적으로 때리게 된다고 말해 줘요.

4 ① 방망이로 때렸는데 그보다 더 큰 홍두깨로 맞는다는 뜻, 남에게 해를 끼치면 그보다 더 큰 화가 돌아온다는 뜻이에요.
② 미천한 집안에서 훌륭한 사람이 났다는 뜻, 자녀가 부모보다 뛰어나게 잘났음을 뜻하는 말이에요.
③ 자녀를 올바르게 키우려면 잘못을 감싸 주지 말고 때려서라도 제대로 가르쳐야 한다는 뜻이에요.
④ 다른 사람에게 모질고 악하게 굴면 자신은 그보다 더 큰 벌을 받는다는 뜻이에요.

(1) ( ①, ④ )

(2) 친구에게 꿀밤을 살짝 때렸더니 친구가 내 등을 세게 쳤어요. 화가 나서 동생 공책을 던졌더니, 동생이 제 가방을 던진 적이 있었어요.

5 (1) 예 화내는 얼굴보다는 화내지 않는 얼굴이 더 보기 좋아요. 아무리 예쁜 얼굴이라도 화를 내면 미워 보여요.

6 (1) 태우에게 자신 없는 일을 또 시킬까 봐, 두려운 거예요.

(2) 반장이 못 박는 일을 부탁했을 때 고소 공포증이 있다고 솔직하게 말했어야 했어요.

(3) 힘이 세다고 힘과 관련된 모든 일을 잘할 것이라고 생각하는 반장의 생각이 잘못된 거예요. 태우에게 먼저 못을 박을 수 있겠냐고 물었어야 해요. 태우가 거절하면 더 이상 강요하지 말아야 해요. 보이는 게 전부가 아니듯 서로를 배려해야 한다고 생각해요.

(4) 예 부모님이 화를 내고 야단치면 두려워요. 부모님의 목소리가 커지면 일단 무섭고 두려워요.

(5) 두려워한 일을 시켰다고 해서 두려움을 가질 필요는 없어요. 비슷한 상황이 반복되었을 때 기죽지 말고 솔직하게 얘기해요.

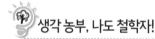

## 생각 농부, 나도 철학자! 106

**1** 평화로운 교실 풍경을 상상해서 그려 넣어요.

**2** 위험에 처했을 때 몸을 보호하기 위해서라면 때리는 것을 허용해요. 그렇다고 지나친 폭력을 휘두르는 것은 절제해야 해요. 권투나 태권도처럼 폭력이 허락된 운동 안에서 때리는 것을 일부 허용하지요.

**3** 남에게 범죄 한 사람에게 벌을 줄 때에 폭력적이거나 강한 힘으로 제압할 경우가 있어요. 그리고 자유와 평화를 지키고 외부의 침략으로부터 나라를 지키기 위해 힘이 필요한 경우도 있어요. 폭력도 우리 사는 세상의 일부로 받아들여야 해요.

# 철학하는 어린이 시리즈

### 01 행복이 뭐예요?

오스카 브르니피에 글 | 카트린느 뫼리쓰 그림 | 양진희 옮김

★한국 간행물 윤리위원회 청소년 권장 도서

행복의 가치와 행복해지는 법을 알려 줍니다. 어린이들의 일상생활 속에서 일어나는 이야기를 중심으로 행복에 대한 질문을 던지고 답하면서 어린이 스스로 진정한 행복의 의미를 깨닫고 생각하는 힘을 키울 수 있습니다.

### 02 함께 사는 게 뭐예요?

오스카 브르니피에 글 | 프레데릭 베나글리아 그림 | 이효숙 옮김

다른 사람을 존중하는 마음과 함께 어우러져 살아가는 방법을 알려 줍니다. '함께 산다는 의미'와 서로를 어떻게 배려해야 하는지를 일상의 예를 들어 쉽게 설명합니다. 어린이들이 사회의 일원으로서 서로를 존중하고 배려하는 마음가짐을 갖게 해 줍니다.

### 03 자유가 뭐예요?

오스카 브르니피에 글 | 프레데릭 레베나 그림 | 양진희 옮김

★초등학교 4학년 1학기 국어 교과서 수록

'자유'는 어릴 때부터 그 의미를 배우는 게 중요합니다. 다양한 질문을 통해 진정한 자유란 무엇인지 어린이의 눈높이에 맞춰 알려 줍니다. 자신의 자유뿐만 아니라 다른 사람들의 자유도 소중하며 존중해야 한다는 것을 일깨워 줍니다.

### 04 예술이 뭐예요?

오스카 브르니피에 글 | 레미 쿠르종 그림 | 이효숙 옮김

예술은 인생을 아름답게 만들고, 삶을 행복하게 합니다. 어린이들에게 아름다움이 무엇인지, 음악과 미술을 즐길 줄 아는 삶이 얼마나 풍요롭고 행복한 것인지 알려 줍니다. 또한 예술적 상상력이 얼마나 의미 있고 가치 있는 것인지 깨닫게 합니다.

### 05 나는 누구일까요?

오스카 브르니피에 글 | 오릴리앙 데바 그림 | 박광신 옮김

'나는 누구이고 '나'의 존재는 무엇인지 생각하게 하는 책입니다. 내면과 외면의 중요성, 살면서 지녀야 하는 책임감에는 어떤 것들이 있는지 등을 스스로 질문하고 깨닫게 합니다. 이를 통해 자신의 정체성을 찾고 자존감 있는 사람으로 성장하도록 이끌어 줍니다.

### 06 삶이란 무엇일까요?

오스카 브르니피에 글 | 제롬 루이에 그림 | 박광신 옮김

어린이들이 바르고 행복한 삶을 살 수 있도록 안내하는 책입니다. 삶과 죽음, 인생에 대해 여러 가지 질문을 던지고 생각하게 합니다. 이로써 '삶'이 무엇인지 깨닫고, 주어지는 대로 사는 것이 아닌, 자신이 주인공이 되어 삶을 만들어가는 것이 중요하다는 것을 알려 줍니다.

### 07 감정이란 무엇일까요?

오스카 브르니피에 글 | 세르주 블로흐 그림 | 박광신 옮김

사랑, 질투, 미움, 우정, 수줍음 등 어린이들이 일상에서 겪는 다양한 감정에 대해 이야기합니다. 감정이란 누구나 느끼는 것임을 알려 주고, 감정을 다스리는 방법이 무엇인지 생활 속 다양한 사례로 보여 줍니다. 또한 상대방에게 자신의 감정을 솔직하게 표현하는 것이 중요하다는 것도 알려 줍니다.

### 08 선과 악이란 무엇일까요?

오스카 브르니피에 글 | 클레망 드보 그림 | 박광신 옮김

어린이들이 생활하면서 맞닥뜨리는 다양한 '선'과 '악'에 관해 생각해 보는 책입니다. 사람들은 서로의 입장과 상황에 따라서 '선'과 '악'에 대한 생각이 다를 수 있습니다. 좋은 것과 나쁜 것, 해야 할 것과 하지 말아야 할 것에 대한 기준을 스스로 세움으로써 도덕적이고 판단력 있는 어린이로 성장하게 될 것입니다.

### 09 안다는 것은 무엇일까요?

오스카 브르니피에 글 | 파스칼 르메트르 그림 | 박광신 옮김

★책 읽는 서울 〈한 도서관 한 책 읽기〉 선정

알고 싶은 것도, 궁금한 것도 많은 어린이들에게 '지식'과 '배움'이 무엇인지 생각하게 합니다. 알고 싶은 것을 배우려는 의지를 키워 주고, 궁금한 점에 대해 곰곰이 생각하는 힘을 길러 줄 것입니다. 이를 통해 어린이들은 사고력과 상상력의 폭이 넓어집니다.

### 10 폭력이란 무엇일까요?

오스카 브르니피에 글 | 안느 엠스테주 그림 | 박광신 옮김

언제 자신이 화가 나거나 폭력적으로 변하는지, 폭력이 어떤 모습으로 표현되는지 등 우리 주변에서 쉽게 벌어지는 폭력의 유형들을 살펴보고 폭력이 지닌 문제에 대해 스스로 생각하게 합니다. 그 과정을 통해 자신의 행동에 대한 기준을 세우고, 폭력으로부터 보호하는 법을 깨닫게 해 줍니다.

### 철학하는 어린이 워크북 ①, ②

출판기획부 기획구성

'철학하는 어린이' 시리즈의 책 속 내용으로 여러 가지 질문과 활동을 해 보는 워크북입니다. 각각의 철학적인 주제에 대해 단계별로 흥미롭게 다가갈 수 있게 구성했습니다.

철학<sub>하는</sub>어린이 개정판
워크북 ②

기획·구성 | 출판기획부

개정판 1판 1쇄 발행 | 2021년 7월 30일

펴낸이 | 신난향
편집위원 | 박영배
펴낸곳 | (주)맥스교육(상수리)
출판등록 | 2011년 8월 17일(제321-2011-000157호)
주소 | 서울특별시 서초구 마방로2길 9, 보광빌딩 5층
대표 전화 | 02-589-5133    팩스 | 02-589-5088
홈페이지 | www.maxedu.co.kr    블로그 | blog.naver.com/sangsuri_i

책임편집 | 김정화
디자인 | 이선주
영업·마케팅 | 백민열
경영지원 | 장주열, 박종현

ISBN 979-11-5571-787-5  63100

정가 12,000원